I0013833

Rim Mahouachi
Amel Grissa Touzi

Extraction intelligente des connaissances dans les bases de données

Rim Mahouachi
Amel Grissa Touzi

Extraction intelligente des connaissances dans les bases de données

Une approche basée sur la classification

Éditions universitaires européennes

Mentions légales / Imprint (applicable pour l'Allemagne seulement / only for Germany)
Information bibliographique publiée par la Deutsche Nationalbibliothek: La Deutsche Nationalbibliothek inscrit cette publication à la Deutsche Nationalbibliografie; des données bibliographiques détaillées sont disponibles sur internet à l'adresse http://dnb.d-nb.de.
Toutes marques et noms de produits mentionnés dans ce livre demeurent sous la protection des marques, des marques déposées et des brevets, et sont des marques ou des marques déposées de leurs détenteurs respectifs. L'utilisation des marques, noms de produits, noms communs, noms commerciaux, descriptions de produits, etc, même sans qu'ils soient mentionnés de façon particulière dans ce livre ne signifie en aucune façon que ces noms peuvent être utilisés sans restriction à l'égard de la législation pour la protection des marques et des marques déposées et pourraient donc être utilisés par quiconque.

Photo de la couverture: www.ingimage.com

Editeur: Éditions universitaires européennes est une marque déposée de
Südwestdeutscher Verlag für Hochschulschriften GmbH & Co. KG
Heinrich-Böcking-Str. 6-8, 66121 Sarrebruck, Allemagne
Téléphone +49 681 37 20 271-1, Fax +49 681 37 20 271-0
Email: info@editions-ue.com

Produit en Allemagne:
Schaltungsdienst Lange o.H.G., Berlin
Books on Demand GmbH, Norderstedt
Reha GmbH, Saarbrücken
Amazon Distribution GmbH, Leipzig
ISBN: 978-3-8381-8209-4

Imprint (only for USA, GB)
Bibliographic information published by the Deutsche Nationalbibliothek: The Deutsche Nationalbibliothek lists this publication in the Deutsche Nationalbibliografie; detailed bibliographic data are available in the Internet at http://dnb.d-nb.de.
Any brand names and product names mentioned in this book are subject to trademark, brand or patent protection and are trademarks or registered trademarks of their respective holders. The use of brand names, product names, common names, trade names, product descriptions etc. even without a particular marking in this works is in no way to be construed to mean that such names may be regarded as unrestricted in respect of trademark and brand protection legislation and could thus be used by anyone.

Cover image: www.ingimage.com

Publisher: Éditions universitaires européennes is an imprint of the publishing house
Südwestdeutscher Verlag für Hochschulschriften GmbH & Co. KG
Heinrich-Böcking-Str. 6-8, 66121 Saarbrücken, Germany
Phone +49 681 37 20 271-1, Fax +49 681 37 20 271-0
Email: info@editions-ue.com

Printed in the U.S.A.
Printed in the U.K. by (see last page)
ISBN: 978-3-8381-8209-4

Dédicaces

A mes chers parents pour leurs soutiens et leurs encouragements …

A ma sœur et mes frères pour leur présence…

A mes amis qui m'ont toujours encouragée pour leur confiance en moi…

A toute ma famille pour ses coups de pouce…

Je dédie ce travail

~ Rim ~

Sommaire

Introduction générale... 7

Chapitre 1 Etat de l'art.. 9

   Introduction 9

   1.   Extraction de connaissances dans les bases de données................................. 9

   2.   Extraction des règles d'association 10
       2.1.   Domaines d'application des règles d'association 10
       2.2.   Concepts de base.. 11
       2.3.   Etapes d'extraction de règles d'association 13
       2.4.   Génération des règles d'association basée sur les itemsets fréquents 14
       2.5.   Problème de la pertinence et de l'utilité des règles d'association extraites.... 19
       2.6.   Approches de réduction des règles d'association 20

   3.   Règles d'association et AFC 22
       3.1.   Notions de base.. 22
       3.2.   Extraction des règles d'association basée sur les itemsets fermés fréquents 26

   4.   Règles d'association et classification... 40
       4.1.   Classification.. 40
       4.2.   Extraction des règles et Classification 48

   5.   Panorama des logiciels de data mining gratuits existants 49
       5.1.   Weka.. 49
       5.2.   Tanagra... 51
       5.3.   Orange.. 52
       5.4.   Autres logiciels.. 53
       5.5.   Evaluation des outils de datamining existants 53

   Conclusion... 57

*Chapitre 2 Nouvelle Approche d'extraction de connaissances basée sur la
classification des données* 58

   Introduction 58

   1.   Problématique et solution proposée.. 58

   2.   Principe de la nouvelle approche 59

   3.   Fondement Théorique de la nouvelle approche... 60

   4.   Apports de la Nouvelle Approche.. 64

   Conclusion... 65

Chapitre 3 Conception et développement d'une plateforme de clustering et d'ECD.. 66

   Introduction 66

   1.   Analyse et conception de la plateforme.. 66

1.1.   Spécification des besoins 66
1.2.   Conception 67

2.   Environnement et outils de développement **71**

3.   Implémentation de la plateforme de clustering et d'ECD **72**
3.1.   Amélioration du module de classification floue 73
3.2.   Implémentation du module d'extraction des règles d'association 76

4.   Portabilité et extensibilité de la plateforme **79**

Conclusion **79**

Chapitre 4 Validation de la nouvelle approche *80*

Introduction **80**

1.   Démarche suivie pour la validation de la nouvelle approche **80**

2.   Module de réécriture des ensembles de données **82**

3.   Résultats expérimentaux **87**

4.   Evaluation de la nouvelle approche **94**

Conclusion **95**

Conclusion générale *96*

Table des figures

Figure 1.1. Etapes du processus d'ECBD [1] _____10
Figure 1.2. Etapes d'extraction des règles d'association [1] _____14
Figure 1.3. Extraction des itemsets fréquents avec Apriori _____17
Figure 1.4. Treillis des itemsets fermés _____24
Figure 1.5. Extraction des itemsets fermés fréquents avec Close _____29
Figure 1.6. Performances de Close pour l'ensemble de données T20I6D100K _____30
Figure 1.7. Performances de Close pour l'ensemble de données Mushrooms _____31
Figure 1.8. Classification non supervisée _____42
Figure 1.9. Classification floue _____43
Figure 1.10. Résultat de clustering FCM _____47
Figure 1.11. Weka _____50
Figure 1.12. Tanagra _____52
Figure 1.13. Orange _____52
Figure 2.1. Processus d'extraction des connaissances _____60
Figure 3.1. Diagramme de cas d'utilisation _____67
Figure 3.2. Diagramme de séquences pour le cas d'utilisation : Extraction des règles d'association_____69
Figure 3.3. Diagramme de séquences pour le cas d'utilisation : Algorithme générique (Approche)_____69
Figure 3.4. Diagramme de classes _____70
Figure 3.5. Choix du type de classification _____73
Figure 3.6. Paramétrage de FCM _____73
Figure 3.7. Assistant d'attribution de libellés pour les clusters _____74
Figure 3.8. Affichage des libellés dans le résultat de clustering _____74
Figure 3.9. Règles d'association entre les clusters _____74
Figure 3.10. Résultat de clustering _____75
Figure 3.11. Exportation du contexte flou _____75
Figure 3.12. Fichier de données de contexte flou _____76
Figure 3.13. Exportation de la matrice d'appartenance _____76
Figure 3.14. Accès au module d'extraction des règles d'association _____76
Figure 3.15. Choix de l'algorithme d'extraction des règles _____77
Figure 3.16. Fenêtre de paramétrage de l'algorithme Close _____77
Figure 3.17. Paramétrage de l'algorithme générique _____78
Figure 3.18. Visualisation des règles d'association _____78
Figure 3.19. Extensibilité de la plateforme _____79
Figure 4.1. Approche classique _____80
Figure 4.2. Nouvelle approche _____81
Figure 4.3. Application de l'algorithme Apriori sur des données numériques _____82
Figure 4.4. Application de l'algorithme Apriori sur des données nominales _____83
Figure 4.5. achat.txt _____86
Figure 4.6. achat.arff _____86
Figure 4.7. mushrooms.arff _____87
Figure 4.8. Réécriture des attributs _____87
Figure 4.9. Réécriture des données _____87
Figure 4.10. Fichier car.arff _____91
Figure 4.11. Fichier car.txt _____91
Figure 4.12. Apriori : extraction des règles sans clustering _____92
Figure 4.13. Close : extraction des règles sans clustering _____92
Figure 4.14. Apriori : extraction des règles après clustering des données _____93
Figure 4.15. Close : extraction des règles après clustering des données _____94
Figure 4.16. Temps d'exécution des algorithmes pour les 2 approches _____95

Liste des Tables

Tableau 1.1. Exemple de contexte de fouille _____ 12

Tableau 1.2. Tableau de cooccurrences _____ 13

Tableau 1.3. Contexte d'extraction D _____ 16

Tableau 1.4. Génération des règles d'association valides dans le contexte D _____ 18

Tableau 1.5. Ensemble des itemsets fermés fréquents _____ 25

Tableau 1.6. Base générique extraite du contexte D _____ 35

Tableau 1.7. Base informative extraite du contexte D _____ 37

Tableau 1.8. Evaluation des approches d'extraction de bases génériques _____ 39

Tableau 1.9. Règles obtenues sans classification _____ 48

Tableau 1.10. Réduction par classification manuelle _____ 49

Tableau 1.11. Résultats obtenus par classification descendante _____ 49

Tableau 1.12. Evaluation des outils de data mining _____ 54

Tableau 1.13. Méthodes de fouille de données implémentées dans les logiciels de data mining ___ 55

Tableau 2.1. Exemple de notes d'étudiants _____ 61

Tableau 2.2. Résultat de classification _____ 62

Tableau 2.3. Contexte réduit flou _____ 62

Tableau 2.4. Matrice de classification _____ 64

Tableau 4.1. Caractéristiques des ensembles de données _____ 84

Tableau 4.2. Paramètres FCM _____ 88

Tableau 4.3. Tests avec l'algorithme Close _____ 89

Tableau 4.4. Tests avec l'algorithme Apriori _____ 90

Introduction générale

La fin du dernier siècle a été marquée par une évolution importante des technologies de l'information. Les conséquences de cette évolution sur les Systèmes d'Information en général sont considérables. Ces derniers ont connu une évolution très importante qui se caractérise essentiellement par un volume de données de plus en plus important, des données distribuées et hétérogènes et des utilisateurs de plus en plus exigeants vis-à-vis des éditeurs de systèmes et de solutions informatiques. Par conséquent, il faut disposer de techniques pour les analyser et en extraire des connaissances implicites. Une nouvelle branche informatique est née ayant pour but l'Extraction de Connaissances dans les Données (ECD).

Plusieurs approches d'ECD ont été proposées dans la littérature. Cependant, les méthodes existantes sont combinatoires et engendrent un très grand nombre de règles d'association (même pour des ensembles de taille raisonnable) qui sont difficilement exploitables. Le nombre de ces règles varie en général de plusieurs dizaines de milliers à plusieurs millions [35, 43]. Plusieurs approches de réduction de ce nombre ont été proposées comme l'usage de mesures de qualité, le filtrage syntaxique par contraintes, la compression par les bases représentatives ou génériques. Dans ce contexte, les résultats fournie par l'AFC ont permis de définir un noyau "irréductible" d'un sous-ensemble de règles d'association mieux connu sous le nom de *bases génériques* [1]. Ces bases constituent des ensembles réduits de règles informatives permettant de préserver les règles les plus pertinentes, sans perte d'information. Dans [1], les auteurs montrent que même avec ces méthodes, le nombre de règles générées a été réduit mais reste toujours des milliers de règles qui ne sont pas facilement assimilables par le cerveau humain.

A notre avis, ce grand nombre de règles générées est dû au fait que les algorithmes d'ECD existants sont appliqués généralement sur des données (ou une variation de ces données comme les itemsets fréquents ou les itemsets fermés fréquents, etc.) qui sont énormes.

Dans ce livre, nous sommes parties du constat qu'une approche d'ECD n'est utile que si elle génère des connaissances facilement exploitables par les utilisateurs. Or ceci n'est pas le cas de la majorité des approches proposées dans la littérature. En effet, un des problèmes rencontrés avec les approches proposées est le grand nombre de règles générées ce qui les rend difficilement exploitables. Dans ce cadre, nous proposons une nouvelle approche d'ECD prenant en compte un autre degré de granularité dans le processus de l'extraction. Nous proposons de générer un ensemble de règles (Méta-Règles) entre les classes résultant d'une classification préliminaire floue sur les données. A partir de cet ensemble, appelé Méta-connaissances, nous montrons que nous pouvons déduire facilement l'ensemble des connaissances. Nous présentons ensuite une plateforme de classification et d'extraction de règles associatives que nous avons implémentée pour la validation de cette approche.

Ce livre est constitué de quatre chapitres :

Le premier chapitre sera consacré à la présentation du domaine de l'extraction des connaissances dans les bases de données, les méthodes d'extraction des règles d'association et de classification de données.

Le deuxième chapitre sera consacré à notre contribution dans la problématique d'extraction des règles d'association : les bases de l'approche proposée, ses fondements théoriques ainsi que ses apports.

Le troisième chapitre traitera les étapes de la mise en place d'une plateforme de clustering et d'Extraction des connaissances dans les données.

Le quatrième et dernier chapitre sera consacré à la validation de notre approche, à l'aide de la plateforme d'exécution implémentée, en effectuant les tests expérimentaux nécessaires sur des ensembles de données connus.

Chapitre 1 Etat de l'art

Introduction

Le data mining correspond à l'ensemble des techniques et des méthodes qui, à partir des données, permettent d'obtenir des connaissances exploitables. Dans ce chapitre, nous présentons deux techniques de data mining qui sont l'extraction des règles d'association et la classification et nous citons et évaluons les différentes méthodes et approches de ces deux techniques. Nous finissons par un panorama des outils de data mining existants et nous étudions leur implémentation de ces techniques.

1. Extraction de connaissances dans les bases de données

Aujourd'hui toutes les entreprises collectent et stockent de grandes quantités de données. Ces grandes bases de données, qui ne cessent d'augmenter jour après jour, sont peu exploitées, alors qu'elles cachent des connaissances décisives face au marché et à la concurrence. Pour combler ce besoin, une nouvelle industrie est en train de naître : l'ECBD (Extraction de Connaissances dans les Bases de Données).

L'ECBD, en anglais KDD (Knowledge Discovery in Database), est un processus non trivial d'identification de modèles inconnus, valides, utiles et compréhensibles dans les bases de données ou d'autres sources de données. Il consiste en plusieurs étapes (dont l'une est le data mining). Chacune de ces étapes a pour but d'effectuer une tache participant à la découverte de connaissances et en utilisant des méthodes spécifiques. L'ECBD inclut toutes les étapes d'extraction de connaissances, à partir de l'acquisition et de l'accès aux données jusqu'à la visualisation et l'interprétation des résultats.

L'ECBD est un processus semi-automatique et itérative, constitué de plusieurs étapes allant de la sélection et la préparation des données jusqu'à l'interprétation des résultats en passant par la phase de recherche des connaissances : le data mining. Les différentes étapes de ce processus sont présentées dans la figure 1.1 [1].

Plusieurs sont ceux qui confondent le concept de Data Mining et celui d'ECBD, et les considèrent comme synonymes. Alternativement, Duval voit le Data Mining comme simplement un élément essentiel intervenant dans le processus de découverte de connaissance à partir des données [2]

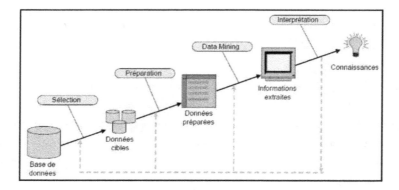

Figure 1.1. Etapes du processus d'ECBD [1]

2. Extraction des règles d'association

Introduit par Agrawal et al. dans [4], l'extraction des règles d'association est l'un des principaux problèmes du KDD. Ce problème fut développé pour l'analyse de bases de données de transactions de ventes, chacune constituée d'une liste d'articles achetés, afin d'identifier les groupes d'articles achetés le plus fréquemment ensemble [1]

Une règle d'association est une relation d'implication $X \Rightarrow Y$ entre deux ensembles d'articles X et Y. Cette règle indique que les transactions qui contiennent les articles de l'ensemble X ont tendance à contenir les articles de l'ensemble Y. L'ensemble X est appelé condition ou prémisse et Y est appelé résultat ou conclusion [45].

Une règle d'association sera par exemple : *«Un client qui achète du fromage a tendance à acheter du pain»*. Cette règle permettra de suivre une stratégie commerciale ayant pour but d'augmenter les ventes, en plaçant le fromage au voisinage du pain dans un magasin.

Afin de ne générer que les relations significatives ente les ensembles d'articles, des mesures d'utilité (le support) et de précision (la confiance), empruntées aux statistiques, sont associées à chaque règle d'association. Les règles générées sont celles dont le support et la confiance sont supérieurs ou égaux à des seuils minimaux définis par l'utilisateur en fonction de ses objectifs et du type de données traitées [1]

2.1. Domaines d'application des règles d'association

Plusieurs applications réelles, dans divers domaines, ont exploité l'extraction des règles d'association dans le but d'améliorer les résultats. En se basant sur [1], nous pouvons citer comme exemples d'applications:

- Planification commerciale : Les règles d'association permettent aux sociétés de vente par correspondance de déterminer les articles dont il est préférable de classer sur la même page d'un catalogue. Elles permettent de définir des catalogues de vente personnalisés en se basant sur des achats déjà effectués par un client. Ceci permet aussi de mieux cibler les mailing en touchant seulement les clients les plus susceptibles à répondre selon leurs achats précédents.

- Réseaux de télécommunication : Les règles d'association étaient utilisées avec succès, dans les bases de données d'alarmes détectées dans les réseaux de télécommunications, pour le filtrage des alarmes non informatives parmi plusieurs milliers de détectées chaque jour. Elles ont été aussi utilisées pour détecter et prédire les anomalies ainsi qu'identifier leurs causes, prédire les incidents dans les processus de télémaintenance afin de limiter les couts des interventions manuelles et d'améliorer la qualité du service.

- Recherche médicale : L'extraction des règles d'association dans les bases de données des organismes médicaux permet, par exemple, d'apporter une aide au diagnostic en identifiant les symptômes ou maladies précurseurs d'une maladie et une aide dans la définition de traitements en déterminant les symptômes ultérieurs ou les effets secondaires possibles. Elle a servi aussi à l'identification de populations à risque vis-à-vis de certaines maladies.

- Multimédia et Internet : Les applications concernent le filtrage des données parasites, la prévision météorologique, l'imagerie médicale, etc. L'extraction des règles d'association à partir des historiques des accès par les usagers aux ressources des sites web est utilisée pour l'aide à la conception et l'organisation des sites.

- Analyse de données statistiques : Les règles d'association peuvent constituer des indicateurs utiles dans le cadre d'analyse des données statistiques (résultats de recensements, de sondages et d'études par exemple) stockées par les organismes financiers, de recherche et les administrations.

2.2. Concepts de base

Nous présentons dans la suite les notions clés des règles d'association [1, 2].

Définition (item) : le terme « item » traduction en anglais de « article » a pour origine les bases de données de transactions de ventes. Un item est un littéral correspondant à une valeur ou un ensemble de valeurs pour un attribut sélectionné dans la base de données [2]

Définition (itemset, k_ itemset) : un itemset est un ensemble d'items (de littéraux). Un k_itemset est un itemset contenant k items [2]

Soit I un itemset et B = $\{t_1, t_2, .., t_n\}$ une base de n transactions.

Définition (support d'un itemset, itemset fréquent) : le support d'un itemset I est le pourcentage de transactions de B qui contiennent I :

$$\text{Support(I)} = \frac{|\{t \in B | I \subseteq t\}|}{|t \in B|}$$

Un itemset dont le support est supérieur ou égal au seuil minimal de support définie par l'utilisateur est appelé *itemset fréquent* [1]

Définition (règle d'association) : Une règle d'association est une implication de la forme $I_1 \rightarrow I_2$ entre deux itemsets I_1 et I_2 tel que $I_1 \cap I_2 = \emptyset$ [1]

Définition (confiance d'une règle) : La confiance d'une règle r : $I_1 \rightarrow I_2$ est la probabilité conditionnelle qu'une transaction contienne I_2 sachant qu'elle contient I_1 :

$$\text{Confiance(r)} = \frac{Support(I_1 \cup I_2)}{Support(I_1)}$$

Définition (Support d'une règle) : Le support d'une règle r : $I_1 \rightarrow I_2$ est égale au support de l'union des itemsets qui la constituent :

$$Support(r) = Support(I_1 \cup I_2)$$

Définition (Contexte d'extraction de règles d'association) : Le triplet $B = (\mathcal{O}, \mathfrak{X}, \mathcal{R})$, avec $\mathcal{O}$ est un ensemble fini d'objets, $\mathfrak{X}$ un ensemble fini d'items et $\mathcal{R} \subseteq \mathcal{O} \times \mathfrak{X}$ est une relation binaire entre les objets et les items est appelé contexte d'extraction de règles d'association [1]

Exemple 1.1

Soit la base de données suivante :

	Item A	Item B	Item C	Item D
Individu 1	×	×		
Individu 2	×		×	
Individu 3		×		
Individu 4	×		×	×
Individu 5		×		

Tableau 1.1. Exemple de contexte de fouille

Le tableau de cooccurrences est un tableau indiquant pour chaque paire d'*items* le nombre de cooccurrences dans l'ensemble des individus (tableau 1.2).

	Item A	Item B	Item C	Item D
Item A	3	1	2	1
Item B	1	3	0	0
Item C	2	0	2	1
Item D	1	0	1	1

Tableau 1.2. Tableau de cooccurrences

Détaillons le calcul de quelques valeurs de support et de confiance :

- Support (A, B) = 1/5 : 1 est le nombre d'apparition de A et B simultanément (dans l'individu 1) et 5 est le nombre total d'items.
- Support (A, C) = 2/5 : 2 est le nombre d'apparition de A et C simultanément (dans les individus 2 et 4) et 5 est le nombre total d'items.
- Confiance (si A, alors B) = 1 /3 : 1 est le nombre d'apparition de A et B simultanément (dans l'individu 1) et 3 est le nombre d'apparition de A (dans les individus 1, 2 et 4).
- Confiance (si A, alors C) = 2/ 3 : 2 est le nombre d'apparition de A et C simultanément (dans les individus 2 et 4) et 3 est le nombre d'apparition de A (dans les individus 1, 2 et 4).

2.3. Etapes d'extraction de règles d'association

Le processus d'extraction de règles peut se décomposer en quatre phases (figure 1.2). Les connaissances de l'utilisateur concernant le domaine d'application sont nécessaires lors de la 1ère et la 4ème phase [1]

1) Sélection et préparation des données

Cette phase se déroule en 2 étapes :

1. Sélection des données permettant d'extraire les informations intéressant l'utilisateur de la base de données qui peut être relationnelle, transactionnelle, spatiale, orientée objet, etc.
2. Transformation de ces données en un contexte d'extraction afin d'appliquer les algorithmes d'extraction de règles d'association.

13

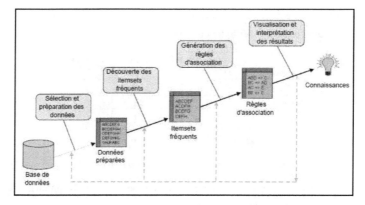

Figure 1.2. Etapes d'extraction des règles d'association [1]

2) Découverte des itemsets fréquents

C'est la phase la plus couteuse en temps d'exécution du fait de la taille exponentielle de l'espace de recherche et de la nécessité de réaliser des balayages de contexte (pour n items, on a 2^n itemsets potentiellement fréquents)

Pour un contexte d'extraction $B = (\, O, \mathfrak{T}, \mathcal{R})$, il s'agit de trouver l'ensemble F des itemsets fréquents dans B définie comme suit :

$$F = \{l \subseteq \mathfrak{T} | l \neq \emptyset \wedge support(l) \geq minsupport\}$$

3) Etape de génération des règles d'association

A partir de l'ensemble des *itemsets* fréquents pour un seuil minimal de support *minsupport*, la génération des règles d'association pour un seuil de confiance *minconfiance* est un problème qui dépend exponentiellement de la taille de l'ensemble des *itemsets* fréquents.

Pour chaque itemset fréquent l_1, une règle d'association est de la forme $r : l_2 \rightarrow l_1 - l_2$ telles que $l_2 \subset l_1$ et dont la confiance est supérieur ou égale à *minconfiance*. [1]

4) Etape de visualisation et interprétation des règles d'association

Elle permet à l'utilisateur d'obtenir un ensemble de déductions fiables qui peuvent l'aider à prendre des décisions. Il faut que l'outil de visualisation prenne en compte la priorité des règles les unes par rapport aux autres, ainsi que les critères définis par l'utilisateur. De plus, il doit présenter les règles sous une forme claire et compréhensible [1]

2.4. Génération des règles d'association basée sur les itemsets fréquents

Nous détaillons dans cette section les deux étapes « découverte des itemsets fréquents » et « génération des règles d'association à partir de ces ensembles fréquents » en présentant des exemples d'algorithmes les plus connus dans la littérature.

2.4.1. Algorithmes d'extraction des itemsets fréquents

Principe

Les algorithmes d'extraction des itemsets fréquents procèdent de la même manière itérative, en parcourant le treillis des itemsets fréquents, du bas vers le haut, en déterminant lors de chaque itération tous les itemsets fréquents d'un niveau (c'est-à-dire d'une taille donnée). Pour chaque itération k, un ensemble de k_itemsets candidats est généré ainsi que leurs supports (calculés lors d'un seul et même balayage).

Exemples d'algorithmes

Les premiers algorithmes de ce type sont **AIS** et **SETM** (proposés en 1993). Plusieurs autres algorithmes permettant de réduire les temps d'extraction des itemsets fréquents ont été proposés. Parmi ces derniers nous pouvons citer les algorithmes **Apriori** [6] et **OCD** [41] qui réalisent un nombre de balayages du contexte égal à la taille des plus longs itemsets fréquents. D'autres algorithmes proposant de nouvelles techniques pour l'extraction des itemsets fréquents tel que l'algorithme **Partition** [42] qui autorise la parallélisation du processus d'extraction et l'algorithme **DIC** [10] qui réduit le nombre de balayages du contexte en considérant les itemsets de plusieurs tailles différentes lors de chaque itération. Néanmoins, ces derniers entraînent un coût supplémentaire en temps CPU par rapport aux algorithmes Apriori et OCD dû à l'augmentation du nombre d'itemsets candidats testés. [5]

L'algorithme Apriori

Apriori a été introduit par Agrawal et Srikant [6]. Cet algorithme recherche les *itemsets fréquents* (itemsets dont le support dépasse *minsupport*), en balayant le treillis des itemsets dans sa largeur et en calculant les fréquences par comptage dans la base, ce qui impose une passe sur la base à chaque niveau du treillis.

Entrée : K : Contexte d'extraction, seuil s ;
Sortie : EIF ;
Début
  $F_i \leftarrow$ *Liste des items dont le support est $>s$*
  $i \leftarrow 1$
  Répéter
    $i++$
    A partir de F_{i-1}, déterminer l'ensemble C_i des EIF candidats comprenant i items.
    $F_i \leftarrow \emptyset$
    Pour tout élément $e \in C_i$ faire
     Si support(e) $>$ seuil alors
        Ajouter à F_i
     Fin si
    Fin pour
  Jusqu'à $F_i \neq \emptyset$
Fin

Exemple 1.2

Considérons le contexte d'extraction de règles d'association $\mathcal{D}$ représenté par le tableau 1.3. Ce contexte est utilisé comme support pour les exemples dans la suite du rapport.

OID	Items
1	A C D
2	B C E
3	A B C E
4	B E
5	A B C E
6	B C E

Tableau 1.3. Contexte d'extraction D

Le processus d'extraction des *itemsets fréquents* dans le contexte $\mathcal{D}$ avec Apriori pour *minsupport=2/6* est détaillé par la figure 1.3.

2.4.2. Algorithmes d'extraction des itemsets fréquents maximaux

Le but de ces algorithmes est de réduire le nombre d'itemsets candidats considérés et diminuer le nombre de balayages de l'ensemble de données réalisés pendant l'extraction.

Ils sont basés sur la propriété que les itemsets fréquents maximaux (itemsets dont tous les sur-ensembles sont infréquents) forment une bordure au dessous de laquelle tous les itemsets sont fréquents.

D'où le problème d'extraction des itemsets fréquents se résume en deux étapes :

- Extraire les itemsets fréquents maximaux dans B : L'extraction des itemsets fréquents maximaux est réalisée par une exploration itérative du treillis des itemsets fréquents, en « avançant » d'un niveau du bas vers le haut et de un ou plusieurs niveaux du haut vers le bas lors de chaque itération.

- Déterminer les supports de tous les sous ensembles des itemsets fréquents maximaux en réalisant un balayage de B : Ces itemsets constituent l'EIF dans B pour minsupport.

Exemples d'algorithmes

Quatre algorithmes basés sur cette approche ont été proposés, ce sont les algorithmes **Pincer-Search**, **MaxClique**, **MaxEclat**, et **Max-Miner**. Ces algorithmes permettent de réduire le nombre d'itérations, et donc de diminuer le nombre de balayages du contexte et d'opérations CPU réalisés.

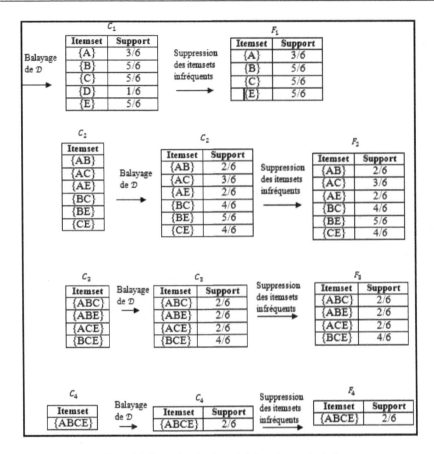

Figure 1.3. Extraction des itemsets fréquents avec Apriori

2.4.3. Génération des règles d'association

La génération des règles d'association est réalisée à partir de l'ensemble F des itemets fréquents dans le contexte d'extraction pour le seuil minimal de support *minsupport*. Le principe général est comme suit : Pour chaque itemset fréquent l_1 dans F de taille supérieure ou égale à 2, tous les ensembles l_2 de l_1 sont déterminés et la valeur du rapport support(l_1)/support(l_2) est calculée. Si cette valeur est supérieure ou égale au seuil de confiance *minconfiance* alors la règle d'association $l_2 \rightarrow (l_1 - l_2)$ est générée.

L'algorithme « Apriori Rule Generation Algorithm » proposé par Agrawal et al. [6] se base sur la propriété suivante afin de réduire le nombre d'opérations réalisées par la génération :

17

Propriété : *Etant donné un itemset l, le support d'un sous ensemble l′ de l est supérieur ou égal au support de l.*

En conséquence, deux résultats concernant les règles d'association peuvent être déduits :

- Si la règle d'association AC → DE n'est pas valide, alors les règles A → CDE et C → ADE ne sont pas valides aussi, il n'est donc pas nécessaire de calculer leurs confiances. Ceci permet de diminuer le nombre de règles d'association testées par l'algorithme.
- Si la règle d'association A → BC est valide, alors les règles AB → C et *AC* → B sont également valides.

Exemple 1.3

Reprenons le contexte d'extraction de règles d'association $\mathcal{D}$ (tableau 1.3) de l'exemple 1.2, les règles d'association générées à partir de l'ensemble F des itemsets fréquents pour un seuil *minconfiance* = ½ sont présentées dans le tableau 1.4

Règle	Confiance
BC → E	4/4
BE → C	4/5
CE → B	4/4
B → CE	4/5
C → BE	4/5
E → BC	4/5
A → C	3/3
C → A	3/5
B → E	5/5
E → B	5/5
B → C	4/5
C → B	4/5
C → E	4/5
E → C	4/5

Tableau 1.4. Génération des règles d'association valides dans le contexte D

2.5. Problème de la pertinence et de l'utilité des règles d'association extraites

Les algorithmes d'extraction des itemsets fréquents produisent, malgré leur apport au problème de l'extraction de règles, une trop grande masse de règles qui ne sont pas nécessairement toutes pertinentes et utiles.

Le problème de la pertinence et de l'utilité est lié au nombre important de règles d'association extraites ainsi qu'à la présence d'une forte proportion de règles redondantes, c'est à dire de règles convoyant la même information, parmi celles-ci.

La suppression des règles d'association redondantes représentant pour certains types de données la majorité des règles extraites permet de réduire considérablement le nombre de règles à gérer lors de la visualisation [5]

Exemple 1.4

Afin d'illustrer le problème des règles d'association redondantes, nous présentons neuf règles d'association (de support de 51% et de confiance de 54%) extraites de l'ensemble de données mushrooms (ensemble de données sur les caractéristiques des champignons) :

R_1 : lamelles libres $\rightarrow$ comestible

R_2 : lamelles libres $\rightarrow$ comestible, voile partiel

R_3 : lamelles libres $\rightarrow$ comestible, voile blanc

R_4 : lamelles libres $\rightarrow$ comestible, voile partiel, voile blanc

R_5 : lamelles libres, voile partiel $\rightarrow$ comestible

R_6 : lamelles libres, voile partiel $\rightarrow$ comestible, voile blanc

R_7 : lamelles libres, voile blanc $\rightarrow$ comestible

R_8 : lamelles libres, voile blanc $\rightarrow$ comestible, voile partiel

R_9 : lamelles libres, voile partiel, voile blanc $\rightarrow$ comestible

Nous remarquons que les règles R_1 à R_3 et R_5 à R_9 sont redondantes par rapport à la règle R_4 puisque, du point de vue de l'utilisateur, ces 8 règles n'apportent aucune information supplémentaire par rapport à la règle R_4 qui est la plus générale [5]

La génération d'un ensemble de taille réduite de règles maximisant l'information convoyée et un problème important pour la pertinence et l'utilité en pratique des algorithmes d'extraction des règles d'association.

Plusieurs méthodes ont essayé de porter des solutions à ce problème par la réduction du nombre de règles d'association extraites ou la sélection d'un sous ensemble de règles. Nous les détaillons dans la section qui suit.

2.6. Approches de réduction des règles d'association

Nous pouvons distinguer en particulier, deux familles d'approches [1] : approches orientées structure de données qui se basent sur les propriétés structurelles des règles d'association afin de réduire l'ensemble des règles d'association extraites et approches orientées utilisateur c'est-à-dire qu'elles requièrent l'intervention de l'utilisateur afin de filtrer l'ensemble de règles d'association qui figureront dans l'ensemble résultat.

2.6.1. Approches orientées structure de données

Nous distinguons quatre catégories différentes parmi ces approches :

- **Utilisation d'une taxonomie** (ou hiérarchie de classes) des items afin de générer des règles entre ensembles d'items de différents niveaux dans la taxonomie. Cette méthode n'est donc applicable que si une telle taxonomie existe. Les règles générées sont appelées règles d'association généralisées [7] ou aussi règles multi-niveaux [8]. Elles sont générées à partir des itemsets généralisés fréquents. L'espace de recherche de ces derniers est plus grand que celui des itemsets fréquents ce qui entraine une augmentation importante du cout de l'extraction des itemsets nécessaires à la génération des règles. De plus, cette méthode entraine la suppression de règles non redondantes et donc une perte d'information.

- **Utilisation de mesures statistiques** autres que la confiance pour déterminer la précision des relations entre itemsets. Cette approche a fait l'objet de plusieurs études [9, 10, 11, 12]. Elle permet dans de nombreux cas d'améliorer la qualité de la mesure de précision des règles d'association. Toutefois, cette méthode présente plusieurs problèmes tels que le cout de calcul élevé (le cas de calcul de la mesure d'intérêt) par rapport à celui de la confiance et la difficulté de calcul (dans le cas de la mesure de conviction).

- **Utilisation de mesures de déviation** des règles en plus des mesures du support et confiance. Les règles d'association extraites sont celles dont la mesure de déviation est

20

supérieure à un seuil minimal défini par l'utilisateur. Ces mesures sont utilisées afin de réduire l'ensemble des règles d'association après leur génération, ce qui nécessite un post-traitement des règles ce qui entraine des temps d'exécution supplémentaires.

- **Couverture structurelle :** Extraire l'ensemble des règles d'association valides et supprimer de cet ensemble les règles redondantes en fonction de la structure syntaxique des règles. Cette méthode ne tient pas compte de la confiance des règles, ce qui entraine une perte d'information qui peut dans de nombreux cas être importante. D'autre part, l'algorithme utilisé effectue un traitement supplémentaire qui constitue un surcout non négligeable en temps d'exécution et en espace mémoire pour l'extraction des règles d'association.

2.6.2. Approches orientées utilisateur

Nous distinguons trois catégories différentes parmi ces approches :

- **Utilisation des expressions régulières appelées** *templates* utilisées afin de filtrer l'ensemble de règles d'association valides extraites précédemment.
- **Utilisation de l'opérateur MINE RULE** qui est une extension du langage SQL. Les critères de sélection correspondent aux paramètres de cet opérateur qui extrait les règles directement depuis les tuples de la base de données.
- **Utilisation des contraintes sur les items** afin d'extraire seulement les itemsets fréquents permettant de générer les règles vérifiant ces contraintes.

Les approches orientées utilisateurs focalisent la recherche sur un sous-ensemble des règles d'association valides délimité par les spécifications de l'utilisateur. Ainsi, les règles d'association inattendues pour l'utilisateur ne sont pas extraites. Or, ces règles constituent une information importante pour l'utilisateur car elles lui apportent une connaissance nouvelle.

De plus, les règles d'association redondantes, qui ne convoient aucune information supplémentaire et dont la présence n'est pas souhaitable, ne sont pas supprimées des sous-ensembles de règles extraites. Ces règles nuisent de manière importante à la présence et l'utilité du résultat puisqu'elles représentent dans certains cas une proportion majoritaire des règles extraites particulièrement pour certains types de données dans les contextes d'extraction.

D'autres approches, basées sur l'Analyse Formelle de Concepts, ont essayé de porter des solutions à ces problèmes de réduction de règles d'association. Nous présentons dans ce qui suit le principe de ces approches.

3. Règles d'association et AFC

Cinq ans après la découverte du problème de la fouille de règles d'association en 1993, il s'est avéré qu'il est fortement connecté au problème de l'Analyse Formelle de Concepts (AFC). L'établissement de cette connexion s'est inspiré du fait que les *itemsets* fermés fréquents, qui émanent de l'AFC sont suffisants pour déduire tous les *itemsets* fréquents et leurs supports. L'AFC offre une représentation condensée et concise permettant de déduire les règles d'association porteuses d'information [39].

L'inconvénient majeur des algorithmes de découverte de règles d'association à partir des itemsets fréquents réside dans la génération d'un très grand nombre de règles associatives, et ce même pour des contextes d'extraction de taille raisonnable.

En revanche, les approches basées sur la découverte d'itemsets « fermés », issues de la théorie de l'AFC, proposent de ne générer qu'un sous ensemble compact et générique de règles associatives. Ce sous-ensemble générique de règles a une taille largement inférieure à la taille de l'ensemble de toutes les règles et a l'avantage d'être complet du point de vue de la connaissance, en effet, il n'existe pas de perte, tout en étant réduit du point de vue de la taille. Un algorithme basé sur les itemsets fermés ne va calculer que le support de deux itemsets fermés et générer qu'une seule règle générique [13].

Nous rappelons, dans la suite, quelques définitions que nous avons utilisées dans nos travaux.

3.1. Notions de base

L'Analyse Formelle de Concepts (AFC) [38] est une branche de la théorie des treillis, basée sur la formalisation de la notion de concepts et de regroupement conceptuel. Elle permet, entre autres, la construction du Treillis de Concepts.

Définition (Opérateurs de fermeture)

Soit un ensemble partiellement ordonné $(E, \leq)$. Une application γ de $(E, \leq)$ dans $(E, \leq)$ est un opérateur de fermeture si et seulement si elle possède les trois propriétés suivantes pour tous sous-ensembles $S, S' \subseteq E$:

1. Isotonie : $S \leq S' \Rightarrow \gamma(S) \leq \gamma(S')$

2. Extensivité : $S \leq \gamma(S)$

3. Idempotence : $\gamma(\gamma(S)) = \gamma(S)$

Etant donné un opérateur de fermeture γ sur un ensemble partiellement ordonné $(E, \leq)$, $x \in E$ est **un élément fermé** si $\gamma(x) = x$

Définition (Connexion de Galois)

Soit un contexte d'extraction $B = (\mathcal{O}, \mathcal{I}, \mathcal{R})$. Soit l'application ϕ définie comme suit:

$$\begin{cases} \phi: 2^{\mathcal{O}} \to 2^{\mathcal{I}} \\ \phi(\mathcal{O}) = \{i \in \mathcal{I} \mid \forall o \in \mathcal{O} \text{ nous avons } (o, i) \in \mathcal{R}\} \end{cases}$$

Soit l'application ψ suivante:

$$\begin{cases} \psi: 2^{\mathcal{I}} \to 2^{\mathcal{O}} \\ \psi(\mathcal{I}) = \{o \in \mathcal{O} \mid \forall i \in \mathcal{I} \text{ nous avons } (o, i) \in \mathcal{R}\} \end{cases}$$

Le couple d'application (ϕ, ψ) est une **connexion de Galois** entre l'ensemble des parties de $\mathcal{O}$ et l'ensemble des parties de $\mathcal{I}$.

Définition (Support d'un itemset)

Soit un contexte d'extraction $B = (\mathcal{O}, \mathcal{I}, \mathcal{R})$ et un itemset $l \subseteq \mathcal{I}$. Le support de l'itemset l dans le contexte B est :

$$Support(l) = \frac{|\psi(l)|}{|\mathcal{O}|}$$

Définition (Fermeture de la connexion de Galois)

Considérons les ensembles partiellement ordonnés $(2^{\mathcal{I}}, \subseteq)$ et $(2^{\mathcal{O}}, \subseteq)$.

Les opérateurs $\gamma = \phi \circ \psi^4$ de $(2^{\mathcal{I}}, \subseteq)$ dans $(2^{\mathcal{I}}, \subseteq)$ et de $\gamma' = \psi \circ \phi$ de $(2^{\mathcal{O}}, \subseteq)$ dans $(2^{\mathcal{O}}, \subseteq)$ sont des opérateurs de fermeture de la connexion de Galois.

Définition (Itemset fermé)

Etant donné l'opérateur de fermeture de la connexion de Galois γ, un itemset $l \subseteq \mathcal{I}$ tel que $\gamma(l) = l$ est appelé un itemset fermé. Un itemset fermé est donc un ensemble maximal d'items communs à un ensemble d'objets.

Exemple 1.5

Nous reprenons le contexte $\mathcal{D}$ (tableau 1.3) de l'exemple 1.2, l'itemset $\{BCE\}$ est un itemset fermé car il est l'ensemble maximal d'items communs aux objets $\{2, 3, 5, 6\}$. L'itemset $\{BC\}$ n'est pas un itemset fermé car il n'est pas un ensemble maximal d'items communs à certains objets : tous les objets contenant les items B et C (objets 2, 3, 5 et 6) contiennent également l'item E. Dans une base de données de ventes, cela signifie que les clients achètent au plus les articles B, C et E et que tous les clients qui achètent les articles B et C achètent également l'article E.

Définition (Ensemble d'itemsets fermés)

Soit un contexte d'extraction $B = (\mathcal{O}, \mathfrak{T}, \mathcal{R})$ et l'opérateur de fermeture de la connexion de Galois γ. L'ensemble Γ des itemsets fermés dans le contexte B est :

$$\Gamma = \{\, l \subseteq \mathfrak{T} \,|\, l \neq \emptyset \wedge \gamma(l) = l\}$$

Définition (Treillis des itemsets fermés)

Soit Γ l'ensemble des itemsets fermés du contexte B selon l'opérateur de fermeture de la connexion de Galois γ. Le couple $\mathcal{L}_\Gamma = (\Gamma, \subseteq)$ est un treillis complet appelé treillis des itemsets fermés.

Exemple 1.6

Nous reprenons le contexte $\mathcal{D}$ (tableau 1.3) de l'exemple 1.2. Le treillis des itemsets fermés associé à ce contexte est représenté dans la figure 1.4. Ce treillis contient 8 itemsets et sa hauteur est égale à cinq.

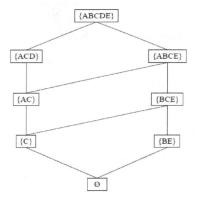

Figure 1.4. Treillis des itemsets fermés

Définition (Itemset fermé fréquent)

Etant donné un seuil minimal de support *minsupport*, un itemset fermé $l \subseteq \mathfrak{T}$ tel que support(l)$\geq$ *minsupport* est appelé *itemset fermé fréquent*.

24

Exemple 1.7

Nous reprenons le contexte $\mathcal{D}$ (tableau 1.3) de l'exemple 1.2. L'ensemble FF des itemsets fermés fréquents dans ce contexte pour un seuil minimal de support de 2/6 est présenté dans le tableau 1.5.

Considérons l'itemset {BCE} qui est un itemset fermé fréquent (car *support* ({BCE}) = 4/6 $\geq$ *minsupport*). Dans une base de données de ventes, cela signifie que 66% des clients achètent au plus les articles B, C et E.

Itemset fermé fréquent	Support
{C}	3/6
{BE}	5/6
{AC}	5/6
{BCE}	4/6
{ABCE}	2/6

Tableau 1.5. Ensemble des itemsets fermés fréquents

Définition (Ensemble des itemsets fermés fréquents)

Soit un contexte d'extraction $B = (\mathcal{O}, \mathcal{I}, \mathcal{R})$. Etant donné un seuil minimal de support *minsupport*, l'ensemble FF des itemsets fermés fréquents dans B est :

$$FF = \{ l \subseteq \mathcal{I} \mid l \neq \emptyset \wedge \gamma(l) = l \wedge support(l) \geq minsupport \}$$

Un itemset fréquent est maximal si tous ses sur-ensembles sont infréquents. Dualement, un itemset fermé fréquent est maximal si tous ses sur-ensembles fermés sont infréquents.

Définition (Générateur d'un itemset fermé ou générateur minimal)

Un itemset générateur g d'un itemset fermé $f = \gamma(f)$ est un itemset minimal (selon la relation d'inclusion) dont la fermeture par l'opérateur γ est l'itemset fermé $\gamma(g) = f$. L'ensemble G_f des générateurs d'un itemset fermé f est :

$$G_f = \{g \subseteq \mathcal{I} \mid \gamma(g) = f \wedge \nexists g' \subset g \text{ tel que } \gamma(g') = f\}$$

Définition (Itemset pseudo-fermé)

Un itemset $l \subseteq \mathcal{I}$ est un itemset pseudo-fermé s'il n'est pas fermé et s'il contient les fermetures de tous ses sous-ensembles qui sont des itemsets pseudo-fermés.

Théorème : L'ensemble des itemsets fermés fréquents est une base pour l'ensemble des itemsets fréquents.

3.2. Extraction des règles d'association basée sur les itemsets fermés fréquents

La génération des règles d'association en utilisant les itemsets fermés fréquents à la place des itemsets fréquents découle du fait que l'ensemble des itemsets fermés fréquents constitue une base pour les itemsets fréquents et ainsi ils peuvent être considérés comme une base pour les règles d'association valides. Les supports et confiances de ces dernières peuvent être déterminés à partir des supports des itemsets fermés fréquents.

3.2.1. Principe

Le problème de l'extraction des règles d'association valides dans un contexte $B = (\mathcal{O}, \mathcal{I}, \mathcal{R})$ peut être décomposé en deux sous-problèmes :

1. Déterminer l'ensemble des itemsets fermés fréquents dans B c'est à dire les itemsets fermés dont le support est supérieur ou égal à *minsupport*.
2. Générer les règles d'association valides dont la confiance est supérieure ou égale à *minconfiance* à partir des itemsets fermés fréquents extraits lors de la phase 1.

Seul le premier sous problème nécessite la réalisation de balayages du contexte d'extraction.

La proportion d'itemsets fermés fréquents est généralement très inférieure à la proportion d'itemsets fréquents d'où la hauteur du treillis des itemsets fermés et inférieure à celle du treillis des itemsets fréquents.

L'utilisation de l'ensemble des itemsets fermés fréquents permet également d'extraire des couvertures réduites, également appelées *bases*, pour les règles d'association. Ces bases sont des ensembles de tailles réduites qui minimisent le nombre de règles d'association générées tout en maximisant la quantité et la qualité des informations convoyées par les règles. Les itemsets fermés fréquents constituent l'élément central de ces bases qui permettent d'améliorer la pertinence du résultat de l'extraction car elles ne contiennent aucune règle d'association redondante, et de présenter à l'utilisateur un ensemble réduit de règles couvrant l'ensemble des items du contexte et donc de découvrir des règles inattendues qui constituent des informations utiles qu'il est nécessaire de considérer [1].

3.2.2. Algorithmes d'extraction des itemsets fermés fréquents

Les algorithmes d'extraction des itemsets fermés fréquents peuvent être classés [13] selon la technique adoptée pour l'exploration de l'espace de recherche, à savoir «Tester-et-générer » et « Diviser-pour-régner ».

1) Algorithmes de type « Tester-et-générer »

a) Principe de fonctionnement

Ces algorithmes parcourent l'espace de recherche par niveau. A chaque niveau k, un ensemble de candidats de taille k est généré. Cet ensemble de candidats est, généralement, élagué par la conjonction d'une métrique statistique (e.g. le support) et des heuristiques basées essentiellement sur les propriétés structurelles des *itemsets* fermés.

Notons que la structure générique, présentée par l'algorithme 1, indique globalement les différentes étapes que suit un algorithme pour l'extraction des *itemsets* fermés, seul l'ordre chronologique des actions effectuées peut être, parfois, changé selon l'algorithme.

La deuxième action de l'étape de construction est une action spécifique aux algorithmes d'extraction des *itemsets* fermés comparativement aux algorithmes d'extraction des *itemsets*.

Algorithme1 : Algorithme générique

Entrée : K : contexte d'extraction, minsupp
Sortie : Ensemble des *itemsets fermés fréquents*
Début
    1 : Initialiser l'ensemble des candidats de taille 1
    2 : tant que ensemble des candidats non vide **faire**
    3 : Etape d'élagage (ou de test)
        - Calculer le support des candidats
        - Elaguer l'ensemble des candidats par rapport à minsupp
        - (Eventuellement) calculer les fermetures des candidats retenus
    4 : Etape de construction
        - Construire l'ensemble des candidats à utiliser lors de l'itération suivante
        - Elaguer cet ensemble en utilisant les propriétés structurelles des itemstes fermés
        et/ou des générateurs minimaux.
        - (Eventuellement) calculer les fermetures des candidats retenus
    5 : fin tant que
    6 : Retourner Ensemble des *itemsets fermés fréquents*
Fin

---

b) Exemple : L'algorithme Close

Principe

L'algorithme Close [5] est un algorithme itératif d'extraction des itemsets fermés fréquents qui parcourt l'ensemble des générateurs des itemsets fermés fréquents par niveaux. Durant chaque itération k de l'algorithme, un ensemble FFC_k de k-générateurs candidats est considéré. Chaque élément de cet ensemble est constitué de trois éléments : le k-générateur candidat, sa fermeture, qui est un itemset fermé candidat, et leur support. À la fin de l'itération k, l'algorithme stocke un ensemble FF_k contenant les k-générateurs fréquents, leurs fermetures, qui sont des itemsets fermés fréquents, et leurs supports.

L'algorithme commence par initialiser l'ensemble FFC_1 des 1-générateurs avec la liste des 1-itemsets du contexte et exécute ensuite un ensemble d'itérations.

Durant chaque itération k :

– La fermeture de tous les k-générateurs ainsi que leur support sont calculés. La détermination des fermetures des générateurs est basée sur la propriété que la fermeture d'un itemset l est égale à l'intersection de tous les objets du contexte contenant l dont le décompte fournit le support du générateur qui est identique au support de sa fermeture. Un seul balayage du contexte est donc nécessaire pour déterminer les fermetures et les supports de tous les k générateurs.

– Tous les k-générateurs fréquents, dont le support est supérieur ou égal au seuil minimal de support *minsupport*, ainsi que leur fermeture et leur support sont insérés dans l'ensemble FF_k des itemsets fermés fréquents identifiés durant l'itération k.

– L'ensemble des $(k+1)$-générateurs candidats (utilisés durant l'itération suivante) est construit, en joignant les k-générateurs fréquents de l'ensemble FF_k comme suit (procédure Gen-Generateur) :

1. Les $(k+1)$-générateurs candidats sont créés en joignant les k-générateurs de FF_k qui possèdent les mêmes k-1 premiers items.

2. Les $(k+1)$-générateurs candidats dont on sait qu'ils sont soit infréquents, soit non minimaux sont ensuite supprimés. Ces générateurs sont identifiés par l'absence d'un de leurs sous-ensembles de taille k parmi les k-générateurs fréquents de FF_k.

3. La troisième phase permet de supprimer parmi ces générateurs ceux dont la fermeture a déjà été calculée. Un tel générateur est identifié car il est inclus dans la fermeture d'un k générateur fréquent de FF_k dont il est un sur-ensemble.

Les itérations cessent lorsqu'aucun nouveau générateur candidat ne peut être créé et l'algorithme s'arrête alors.

Pseudo-code

Les notations et paramètres utilisés dans cet algorithme sont résumés ci-après.

FFC_k **:** Ensemble des k-itemsets fermés fréquents candidats
FC_k : Ensemble des k-itemsets fermés fréquents
Chaque élément de ces ensembles possède trois champs :
i) **gen** : le générateur ; ii) **supp** : le support ; iii) **ferm** : la fermeture.

Le pseudo-code de Close est donné par l'algorithme 2.

Algorithme2 : Algorithme Close

Entrée: K : Contexte d'extraction, minsup

Sortie: FC=$\cup_k FC_k$: *Ensemble des itemsets fermés fréquents*

Début

    {/*Initialisation*/}

    FFC_1= { 1-*itemsets* }

    Pour (k =1 ; FFC_k.gen $\neq$ Ø ; k++) **faire**

      FFC_k.ferm= Ø

      FFC_k.supp= Ø

      FFC_k=GEN-FERMETURE(FFC_k)

      {/*Etape de construction */}

      Pour tout c $\in FFC_k$ **faire**

        Si c.supp $\geq$ minsup **alors**

          FC_k=$FC_k \cup_c$

        Fin Si

        FFC_k+1=GEN-GENERATEUR(FC_k)

      Fin Pour

    Fin Pour

    Retourner FC=$\cup_k FC_k$

Fin

Exemple 1.8

Nous reprenons le contexte $\mathcal{D}$ (tableau 1.3) de l'exemple 1.2 et nous exécutons l'algorithme Close sur ce contexte :

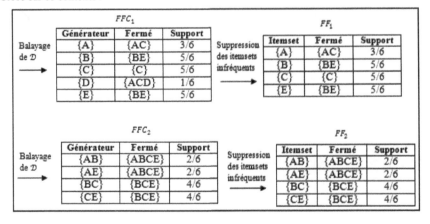

Figure 1.5. Extraction des itemsets fermés fréquents avec Close

Evaluation

Partageant la même technique que l'algorithme Apriori, l'algorithme Close effectue n passages sur le contexte d'extraction, même si ce nombre peut diminuer d'une façon importante surtout pour des contextes denses.

Cependant dans chaque itération, là où l'algorithme Apriori n'effectue que des calculs des supports, l'algorithme Close effectue beaucoup plus de calculs, surtout pour la détermination des fermetures des *itemsets* candidats. Ainsi dans le but de réduire le temps de calcul des *itemsets*, les auteurs ont introduit une nouvelle structure de donnée permettant d'accélérer le temps de localisation des générateurs associés à un objet. Dans cette structure et pour localiser un générateur, il faut parcourir un chemin en partant du nœud. Ainsi, la fermeture d'un générateur se trouverait dans un nœud feuille du chemin le représentant.

La performance de l'algorithme Close a été évaluée par rapport à l'algorithme Apriori, sur deux types d'ensemble de données : mushrooms (ensemble de données sur les caractéristiques des champignons) et T20I6D100K (ensemble de données de vente).

Les résultats de ces expérimentations ont montré que l'algorithme Apriori donnait de meilleurs résultats sur l'ensemble de données de ventes. Tandis que sur le contexte Mushrooms, l'algorithme Close est plus performant qu'Apriori, surtout pour des valeurs de supports faibles.

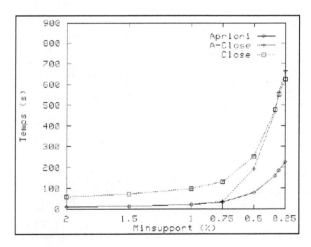

Figure 1.6. Performances de Close pour l'ensemble de données T20I6D100K

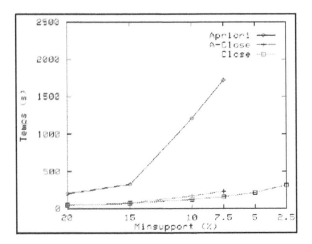

Figure 1.7. Performances de Close pour l'ensemble de données Mushrooms

c) Autres algorithmes

Plusieurs autres algorithmes de cette famille existent, nous pouvons citer parmi les plus utilisés :

- L'algorithme A-Close [1] : c'est une variation de l'algorithme CLOSE. Il a pour objectif de réduire l'espace de recherche en élaguant le treillis des itemsets fermés au lieu de celui des itemsets. Ainsi, il procède en deux étapes :

- Etape1 : Déterminer les générateurs minimaux, *i.e.* les plus petits éléments incomparables des classes de la relation d'équivalence induite ;

- Etape2 : Pour chaque classe, déterminer l'élément maximal résidant au sommet de la hiérarchie.

- L'algorithme Charm : proposé par Zaki *et al.* [14]. Son originalité réside dans le fait qu'il privilégie une exploration en profondeur d'abord de l'espace de recherche. L'idée clef est d'exploiter la maximalité d'un itemset fermé, *i.e.* un itemset fermé couplé avec l'ensemble des objets le vérifiant n'est pas inclus dans aucun autre itemset fermé.

- L'algorithme Titanic : proposé par Stumme *et al.* [15, 16] pour la découverte des *itemsets* fermés fréquents. L'idée clé est de minimiser l'étape de calcul du support des *itemsets*. Ainsi, l'algorithme traverse l'espace de recherche par niveau en focalisant sur la détermination des générateurs minimaux (ou *itemsets* clés) des différentes classes de la relation d'équivalence induite par l'opérateur de fermeture.

31

2) Algorithmes de type « Diviser-pour-régner »

Les algorithmes de ce type essaient de diviser le contexte d'extraction en des sous-contextes et d'appliquer le processus de découverte des *itemsets* fermés récursivement sur ces sous-contextes.

Dans la littérature, on retrouve essentiellement un seul algorithme implémentant cette technique, à savoir l'algorithme Closet [17]. Des améliorations ou variantes de cet algorithme ont été proposées, tout en se gardant de respecter l'idée motrice de l'algorithme original [18, 19].

3.2.3. Génération des bases de règles d'association

Nous nous basons dans cette partie sur [1], [5] et [20]. Le problème de la pertinence et de l'utilité des règles extraites est un problème majeur de l'extraction des règles d'association. Ce problème est lié au nombre de règles d'association extraites qui est en général très important et à la présence d'une forte proportion de règles redondantes parmi celles-ci.

Ceci a suscité l'intérêt des chercheurs qui ont essentiellement puisé dans les travaux issus de la théorie de l'analyse formelle des concepts (AFC), pour proposer des approches de sélection sans perte d'information des règles d'association qui véhiculent le maximum de connaissances utiles. L'extraction des itemsets fermés fréquents a donné lieu à une sélection de sous-ensembles de règles sans perte d'information. Cette dernière repose sur l'extraction d'un sous-ensemble de toutes les règles d'association, appelé base générique, à partir duquel le reste des règles pourrait être dérivé, tout en satisfaisant les conditions suivantes [24] :

- **Dérivabilité :** Le mécanisme d'inférence (*e.g.*, un système axiomatique), permettant la dérivation des règles redondantes doit être valide (*i.e.*, le système ne permet de dériver que les règles d'association valides) et complet (*i.e.*, l'ensemble de toutes les règles valides peut être retrouvé).

- **Informativité :** la base générique des règles d'association doit permettre de retrouver avec exactitude le support et la confiance des règles dérivées.

Définition (Règle d'association redondante)

Soit un ensemble E de règles d'association. Une règle d'association $r \in E$ est redondante si la règle r peut être déduite ainsi que son support s et sa confiance c de l'ensemble $E \setminus r$.

Définition (Règles d'association non redondantes minimales)

Soit l'ensemble AR des règles d'association extraites du contexte. Une règle d'association r : $l_1 \rightarrow l_2 \in AR$ est non redondante minimale s'il n'existe pas de règle d'association r' : $l'_1 \rightarrow l'_2 \in AR$ telle que $support(r) = support(r')$, $confiance(r) = confiance(r')$, $l'_1 \subseteq l_1$ et $l_2 \subseteq l'_2$.

Il est souhaitable que seules les *règles d'association non redondantes minimales*, qui sont les règles les plus utiles et les plus pertinentes, soient extraites et présentées à l'utilisateur. Une règle d'association est redondante si elle convoie la même information ou une information moins générale que l'information convoyée par une autre règle de même utilité et de même pertinence. Une règle d'association r est non redondante minimale s'il n'existe pas une autre règle d'association r' possédant le même support et la même confiance, dont l'antécédent est un sous-ensemble de l'antécédent de r et la conséquence est un sur-ensemble de la conséquence de r.

Une revue de la littérature nous permet de classer les travaux portant sur l'extraction des bases génériques en deux catégories : avec perte d'information et sans perte d'information.

1) Bases génériques avec perte d'information

Les approches d'extraction de bases génériques, présentées dans la suite, se font avec perte d'information : elles ne satisfont pas l'une des deux conditions précédemment citées (*i.e.*, la dérivabilité ou l'informativité).

a) Base de Guigues-Duquenne (DG)

La base *DG* définie par Guigues et Duquenne [22] a été redéfinie par Pasquier [1] pour qu'elle soit adaptée au cadre des règles d'association. *DG* n'est pas informative [1]. La dérivabilité est assurée par les axiomes d'Armstrong (*AA*) [26] permettant de retrouver seulement les règles d'association exactes. Néanmoins, les règles dérivées ne sont pas toujours valides. En effet, (*AA*) est un mécanisme d'inférence complet mais il n'est pas valide. Par conséquent, l'approche d'extraction de la base *DG* est qualifiée d'approche avec perte d'information [25].

b) La base propre (BP)

Adaptant la base *BP*, définie par Luxenburger [29], au cadre des règles d'association, Pasquier définit dans [1] la base propre pour les règles d'association approximatives. Afin de dériver les règles approximatives redondantes à partir de la base *BP*, Pasquier propose d'appliquer le mécanisme d'inférence *IRF* (Inférence des règles basée sur la fermeture) [1]. Toutefois, il a été montré dans [24] que ce mécanisme d'inférence est complet mais il n'est pas valide et que la base *BP* n'est pas informative. Afin de pallier ce problème, Kryszkiewicz propose d'étendre la base *BP* par *DG* [24] et d'utiliser le couple (*AA*, *IRF*) pour dériver toutes les règles d'association approximatives.

c) Les Règles Représentatives (RR)

Dans [23], Kryszkiewicz introduit une base générique de règles d'association, appelée *base de règles représentatives RR*. Dans [23], il a été prouvé que la base *RR* n'est pas informative. Par conséquent, l'extraction de *RR* est faite avec perte d'information.

d) Les Règles d'association Non Redondantes (RNR)

Dans [35], Zaki introduit une nouvelle base générique de règles d'association, appelée base de règles d'association non Redondantes *RNR*. Afin de dériver l'ensemble de toutes les règles redondantes, Zaki propose d'utiliser l'axiome de transitivité de Luxenburger [29] ainsi que l'axiome d'augmentation d'Armstrong AA [26]. La base *RNR* est informative, toutefois, le mécanisme d'inférence utilisé n'est pas complet.

2) Bases génériques sans perte d'information

Nous nous intéressons en particulier à l'approche de Bastide et al. Cette approche présente deux bases génériques qui sont définies comme suit :

a) Base générique pour les règles d'association exactes

Définition (Base générique pour les règles d'association exactes)

Soit l'ensemble FF des itemsets fermés fréquents extraits du contexte et pour chaque itemset fermé fréquent f l'ensemble Gf des générateurs de f. La base générique pour les règles d'association exactes est :

$$BG = \{r : g \Rightarrow (f \setminus g) \mid f \in FF \wedge g \in Gf \wedge g \neq f\}$$

La condition $g \neq f$ est nécessaire car les règles entre un générateur g d'un itemset fermé fréquent f tel que $g = f$ sont de la forme $g \Rightarrow \emptyset$ et n'appartiennent pas à l'ensemble des règles d'association valides (règles non informatives).

Algorithme Gen-BG de construction de la base générique

L'algorithme Gen-BG de la construction de la base générique pour les règles d'association exactes est proposé par Pasquier [1], son pseudo-code est présenté dans l'Algorithme3. Les notations utilisées par l'algorithme sont les suivantes :

FF_k : Ensemble de k-groupes fréquents des k-générateurs. Chaque élément de cet ensemble possède trois champs : *générateur, fermé* et *support*.

BG : Ensemble des règles d'association exactes de la base générique.

Algorithme3: Algorithme Gen-BG
Entrée Ensembles FF_k des k-groupes fréquents des k-générateurs;
Sortie : Ensemble BG des règles d'association exactes de la base générique;

    1) $BG \leftarrow \emptyset$;

    2) **pour chaque** ensemble FF_k **faire**

       3) **pour chaque** k-générateur $g \in FF_k$ **tel que** $g \neq \gamma(g)$ **faire**

         4) $BG \leftarrow BG \cup \{(r : g \rightarrow (\gamma(g) \setminus g), \gamma(g).support)\}$;

       5) **fin pour**

    6) **fin pour**

    7) **retourner** BG;

Fin

Exemple 1.9

Reprenons le contexte $\mathcal{D}$ (tableau 1.3) de l'exemple 1.2. La base générique pour les règles d'association exactes extraite du contexte D pour *minsupport* = 2/6 est présentée dans le tableau 1.6. Cette base ne représente aucune perte d'information : toutes les règles d'association exactes valides dans le contexte peuvent être déduites ainsi que leurs supports (et leurs confiances qui sont égales à 1) à partir des règles de la base générique [1].

Générateur	Fermeture	Règle exacte	Support
{A}	{AC}	A $\Rightarrow$ C	3/6
{B}	{BE}	B $\Rightarrow$ E	5/6
{C}	{C}		
{E}	{BE}	E $\Rightarrow$ B	5/6
{AB}	{ABCE}	AB $\Rightarrow$ CE	2/6
{AE}	{ABCE}	AE $\Rightarrow$ B C	2/6
{BC}	{BCE}	BC $\Rightarrow$ E	4/6
{CE}	{BCE}	CE $\Rightarrow$ B	4/6

Tableau 1.6. Base générique extraite du contexte D

b) Base informative pour les règles d'association approximatives

Définition (Base informative pour les règles approximatives)

Soit l'ensemble FF des itemsets fermés fréquents et l'ensemble G de leurs générateurs extraits du contexte. La base informative pour les règles d'association approximatives est :

$$BI = \{r : g \rightarrow (f \setminus g) \mid f \in FF \wedge g \in G \wedge \gamma(g) \subset f\}$$

La base informative ne représente aucune perte d'information car toutes les règles d'association approximatives valides dans le contexte peuvent être déduites ainsi que leurs supports et leurs confiances à partir des règles qui la constituent.

Algorithme Gen-BI de construction de la base informative

L'algorithme Gen-BI de la construction de la base informative pour les règles d'association approximatives est proposé par Pasquier [1].

Les notations utilisées par l'algorithme sont les suivantes :

FF_k : Ensemble de k-groupes fréquents des k-générateurs. Chaque élément de cet ensemble possède trois champs : *générateur*, *fermé* et *support*.

BI : Ensemble des règles d'association approximatives de la base informative.

Le pseudo-code de cet algorithme est présenté dans l'Algorithme4.

Algorithme4: Algorithme Gen-BI

Entrée Ensemble $FF = \cup FF_k$ des k-groupes fréquents des k-générateurs; seuil minimal de confiance *minconfiance*;

Sortie : Ensemble BI des règles d'association approximatives de la base informative;

Début

1) $BI \leftarrow \{\}$;

2) **pour** ($k \leftarrow 1$; $k \leq \mu\text{-}1$; k++) **faire**

3)   **pour chaque** k-générateur g $\in FF_k$ **faire**

4)   **pour chaque** itemset fermé fréquent $f \in FF$ *tel que* $|f| > |\gamma(g)|$ **faire**

5)   **Si** ($\gamma(g) \subseteq f$) **alors faire**

6) $r.confiance \leftarrow f.support/g.support$;

7)   si ($r.confiance \geq minconfiance$) alors

8) $BI \leftarrow BI \cup \{r : g \rightarrow (f \backslash g), r.confiance, f.support\}$;

9)   **fin si**

10)   **fin pour**

11)   **fin pour**

12) **fin pour**

13) **retourner** BI;

Fin

Exemple 1.10

Reprenons le contexte $\mathcal{D}$ (tableau 1.3) de l'exemple 1.2. La base informative pour les règles d'association approximatives extraite du contexte D pour *minsupport* = 2/6 est présentée dans le tableau 1.7.

Générateur	Fermeture	Sur-ensemble fermé	Règle approximative	Support	Confiance
{A}	{AC}	{ABCE}	A→BCE	2/6	2/3
{B}	{BE}	{BCE}	B→CE	4/6	4/5
{B}	{BE}	{ABCE}	B→ACE	2/6	2/5
{C}	{C}	{AC}	C→A	3/6	3/5
{C}	{C}	{BCE}	C→BE	4/6	4/5
{C}	{C}	{ABCE}	C→ABE	2/6	2/5
{E}	{BE}	{BCE}	E→BC	4/6	4/5
{E}	{BE}	{ABCE}	E→ABC	2/6	2/5
{AB}	{ABCE}				
{AE}	{ABCE}				
{BC}	{BCE}	{ABCE}	BC→AE	2/6	2/4
{CE}	{BCE}	{ABCE}	CE→AB	2/6	2/4

Tableau 1.7. Base informative extraite du contexte D

3.2.4. Evaluation des approches d'extraction de bases de règles d'association

Dans le tableau 1.8 [20], nous comparons les différentes approches d'extraction de bases génériques tout en tenant compte des points suivants :

- la forme des règles génériques : la nature de la prémisse et la conclusion des règles génériques.
- l'informativité de la base générique.
- la dérivabilité.
- la nature des règles d'association dérivées par le mécanisme d'inférence.

D'après ce tableau, nous pouvons remarquer que seuls les deux couples *(BP, DG)* et *(BG, BI)* satisfont les conditions de dérivabilité et informativité. Néanmoins, pour le couple *(BP, DG)*, nous signalons les limites suivantes [20] :

– À partir du couple *(BP, DG)*, nous ne pouvons déterminer que le support et la confiance des règles approximatives. Or, ça serait plus intéressant d'étendre *BP* par une base permettant la dérivation de l'ensemble de toutes les règles exactes et approximatives tout en déterminant, avec exactitude, leurs supports et leurs confiances ;

– Le couple *(BP, DG)* forme une super-base hétérogène. En effet, les règles de la base *DG* traduisent des implications entre itemsets pseudo-fermés et itemsets fermés fréquents. Par ailleurs, les règles de la base *BP* traduisent des implications entre itemsets fermés fréquents.

Ainsi, cette hétérogénéité peut entraîner une difficulté d'interprétation des connaissances présentées à l'utilisateur.

En conclusion, nous pouvons dire que, parmi les approches que nous avons étudiées, seule l'approche d'extraction de couple (*BG, BI*) permet la dérivation de toutes les règles valides exactes et approximatives sans perte d'information.

Base	Forme des règles Prémisse /conclusion	Informativité	Dérivabilité		Règles dérivées
			Complet	Valide	
DG	Pseudo-fermé / fermé	non	Oui	non	*AR* exactes
BP	Fermé/ fermé	non	Oui	non	*AR* approximatives
(BP, DG)	(pseudo-fermé/fermé) ; (fermé/fermé)	oui	Oui	oui	*AR* approximatives
RR	Générateur minimal/fermé	non	Oui	oui	*AR*
RNR	Générateur minimal/Générateur minimal	oui	Non	oui	*AR*
BG	Générateur minimal/fermé	oui	Oui	oui	*AR* exactes
BI	Générateur minimal/fermé	non	Oui	non	*AR* approximatives
(BG, BI)	Générateur minimal/fermé	oui	Oui	oui	*AR*

Tableau 1.8. Evaluation des approches d'extraction de bases génériques

Légende

AR : L'ensemble de toutes les règles valides pouvant être extraites d'un contexte d'extraction K

DG : Base de Guigues-Duquenne

BP : Base propre

RNR : Règles d'association Non Redondantes

RR : Règles Représentatives

BI : Base informative pour les règles d'association approximatives

BG : Base générique pour les règles d'association exactes

4. Règles d'association et classification

4.1. Classification

La classification est une des tâches centrales de l'étape de la fouille de données. Cette tâche est traitée par plusieurs communautés de chercheurs: statistiques, reconnaissances de formes, apprentissage automatique, réseaux de neurones et raisonnement à partir de cas. La classification de données consiste à diviser un ensemble de données en sous-ensembles de données, appelés classes, pour que toutes les données dans une même classe soient similaires et les données de classes distinctes soient dissimilaires.

Une typologie des méthodes de classification peut être établie selon deux vues différentes: *classification supervisée* et *classification non supervisée* (ou *clustering*). Dans la première, une connaissance au préalable des classes d'un ensemble de données est nécessaire. Elle consiste en l'attribution d'une nouvelle donnée à une classe. Dans la deuxième classification, aucune information sur la structure de données n'est fournie. C'est à la procédure de classification de détecter l'ensemble de classes existantes et d'affecter les données à chacune d'elles.

4.1.1. Classification supervisée

La classification supervisée consiste à inférer, à partir d'un échantillon de données classées, une procédure de classification. Chaque classe de données est caractérisée par un ensemble de prédicats qui peuvent être appliqués à des objets de classe inconnue pour identifier leur classe d'appartenance.

Le problème de classification concerne plusieurs applications telles que le diagnostic médical, la gestion de stocks, la gestion des données semi-structurés et le ciblage de clientèle. Une société de vente par correspondance par exemple, pourra réduire les couts d'un mailing en spécifiant une classe de clients correspondant à l'objet de celui-ci et en ne s'adressant qu'aux clients qui auront été classifiés dans cette classe [1]

Nous présentons, brièvement, quelques méthodes de classification supervisée.

1) Méthodes basées sur les arbres de décisions

Le principe de construction d'un arbre de décision est fondé sur l'étude d'une variable à expliquer (à modéliser), qualitative ou quantitative par un ensemble de variables explicatives, qualitatives ou quantitatives. Le résultat est un arbre dichotomique hiérarchique des variables,

40

à partir duquel la prédiction d'une observation inconnue est opérée dichotomiquement en parcourant les différents niveaux hiérarchiques de l'arbre. [1W]

Plusieurs algorithmes ont étés proposés, notamment CART [30], l'algorithme ID3 [32] et qui a été raffiné par la suite pour donner naissance à C4.5 puis C5 [31].

2) *Méthodes basées sur les réseaux bayésiens*

Le principe de base d'un réseau bayésien est celui d'un graphe au sens mathématique du terme, c'est-à-dire issu de la théorie des graphes. Ce graphe représente en un certain sens les relations entre variables en terme causal, relations déterminées par des lois de probabilités conditionnelles, elles-mêmes déduites des fréquences conditionnelles associées à un tableau de données. [1W]

3) *Méthodes basées sur les réseaux de neurones*

Leur domaine d'application privilégié est la prédiction, accessoirement la classification et la détection de clusters (les algorithmes de segmentation et de classification qui opèrent sur les mêmes données sont cependant, par définition, plus adaptés à ces derniers sujets). Prédire consiste dans un premier temps à élaborer un modèle, puis ayant qualifié l'efficacité du modèle à utiliser le modèle pour la prédiction. Les données utilisées sont de même nature que celles utilisées pour la prédiction par l'analyse discriminante. On choisit un ensemble (échantillon) d'apprentissage, puis un ensemble (test) dit de contrôle et enfin l'ensemble à prédire. Même si la connaissance détaillée du fonctionnement interne du réseau n'est pas indispensable, certaines clés permettent d'utiliser les réseaux de neurones avec succès et avec certaines garanties. [1W]

4.1.2. *Classification non supervisée (Clustering)*

L'objectif du clustering est de fractionner l'ensemble hétérogène d'objets de la base de données en un certain nombre de sous ensembles plus homogènes, appelés clusters. Il permet de fractionner les objets de la base en groupes d'objets ayant un comportement similaire, lorsque les classes ne sont pas prédéfinies.

Les clusters doivent être suffisamment larges (minimisation de la similarité inter-cluster) et contenir des objets qui partagent un haut degré de similarité (maximisation de la similarité intra-cluster). La similarité des objets est en général mesurée en termes de distance géométrique entre les objets. [1]

41

Exemple 1.11

Soit un ensemble d'individus à classer selon les caractéristiques : âge et salaire. L'ensemble des données est schématisé sur la figure1.8 (a). Notre but est de classifier ces données, c'est-à-dire, définir des groupes homogènes: les éléments d'un groupe doivent vérifier des caractéristiques assez proches (âge et salaire). La figure1.8 (b) présente un exemple de groupes obtenus par une procédure de classification. Nous remarquons que nous avons obtenu trois groupes homogènes.

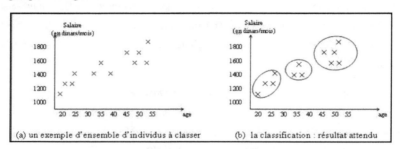

Figure 1.8. Classification non supervisée

Les méthodes de clustering prouvent leurs utilités dans beaucoup de domaines tel que : le marketing, l'environnement, l'assurance, la planification de villes, la médecine et le web.

Nous distinguons trois grandes familles de clustering: le clustering hiérarchique, le clustering par partitionnement et d'autres techniques spécifiques à des domaines particuliers tels que celles basées sur la densité, sur les grilles et sur les modèles.

1) Clustering par partitionnement

Les techniques de clustering par partitionnement débutent souvent par l'initialisation d'une partition et l'optimisation d'un certain critère appelé fonction objective. Ces méthodes raffinent graduellement les classes et donc peuvent donner les classes de meilleure qualité.

Cette technique permet de regrouper un ensemble d'objets dans des clusters homogènes. Les objets de chaque cluster partagent des caractéristiques communes qui correspondent le plus souvent à des critères de proximité que nous définissons en introduisant des mesures de distance.

Un algorithme de clustering par partitionnement place les différents objets dans des classes (clusters). Soit chaque objet est dans une et une seule classe (partitionnement dur). Soit un objet appartient à plusieurs classes mais à des degrés différents (partitionnement flou).

Une technique de clustering floue peut être convertie en celle binaire. Ceci est réalisé en assignant chaque objet au cluster dont la mesure d'appartenance est la plus élevée [3].

Les algorithmes k-moyennes, k-medoïds (dont l'algorithme PAM[1] est un exemple) et C-Moyennes Flous (FCM) [3] font partie de cette famille.

a) Approches Crisp

Une approche binaire (crisp) associe à chaque objet un unique cluster. Parmi les algorithmes les plus connus, nous pouvons citer l'algorithme des centres mobiles [40] également dénommée k-moyennes, ou centroïdes. L'objectif est de segmenter les données en k groupes, k étant fixé à priori. L'idée de l'algorithme est la suivante : on part de K données synthétiques (c'est-à-dire des points de l'espace de données D ne faisant pas forcément parti de l'ensemble de données) que l'on nomme des « centres ». Chaque centre caractérise un groupe. A chaque centre sont associées les données qui lui sont les plus proches ; cela crée un groupe autour de chaque centre. Ensuite, on calcule le centre de gravité de chacun de ces groupes; ces k centres de gravité deviennent les nouveaux centres et on recommence tant que les groupes ne sont pas stabilisés, i.e. tant qu'il y a des données qui changent de groupe d'une itération à la suivante ou encore, tant que l'inertie varie substantiellement d'une itération à la suivante.

b) Approches Floues

Les sous-ensembles flous permettent une représentation simple des incertitudes et imprécisions liées aux informations et aux connaissances. Son principal avantage est d'introduire le concept d'appartenance graduelle à un ensemble alors qu'en logique ensembliste classique cette appartenance est binaire (appartient ou n'appartient pas à un ensemble). [21]

La classification floue autorise le chevauchement des régions. La figure 1.9 présente le résultat d'un clustering flou.

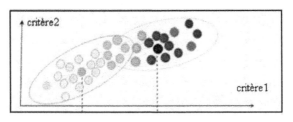

Figure 1.9. Classification floue

---

[1] Partition Around Medoids

Lors de travaux sur les ensembles flous, des critères pour détecter la présence de clusters compacts et séparables au sein d'un ensemble d'objets ont été définis. Dans [3], une famille d'algorithmes connue sous le nom FCM (C-moyennes Floue) est introduite. Il s'agit d'un algorithme de classification floue fondé sur l'optimisation d'un critère quadratique (fonction objective) de classification où chaque classe est représentée par son centre de gravité.

Soit $\{x_k : k = 1, \dots, n\}$ un ensemble de n vecteurs de données. Chaque vecteur possède m composantes. Le processus de clustering consiste à grouper les n vecteurs de données en c clusters $\{v^{(i)} : i = 1, \dots, c\}$.

$U = (\mu_{ki})_{n \times c}$ est la matrice d'appartenance floue. μ_{ki} est le degré d'appartenance du vecteur de données x_k au centre du ième cluster. Il doit satisfaire $\sum_{i=1}^{n} \mu_{ki} = 1$ pour $k = 1, \dots, n$ et $\mu_{ki} \geq 0$ pour $i = 1, \dots, c$ et $k = 1, \dots, n$. D'une manière générale l'algorithme de c-moyennes floue est un cas particulier d'algorithmes basés sur la minimisation d'un critère ou d'une fonction objective.

Soit U une c-partition floue de X, et soit v le c-uplet : $v = (v_1, \dots, v_c)$.

La fonction objective associée aux moyennes floues J_m est définie par :

$$J_m(U, V) = \sum_{i=1}^{N} \sum_{j=1}^{c} \mu_{ij}{}^m \, ||x_i - v_j||^2 \qquad (1.3)$$

Avec :

○ n est le nombre de vecteurs de données et c le nombre de clusters. $U = (\mu_{ki})_{n \times c}$ est la matrice d'appartenance floue.

○ μ_{ij} doit satisfaire :

– $\sum_{j=1}^{c} \mu_{ij} = 1$ pour $i = 1, \dots, N$,

– $\mu_{ij} \geq 0 \; \forall j = 1, \dots, c$ et $i = 1, \dots, N$.

L'exposant $m > 1$ dans $J_m(U, V)$ est un paramètre, habituellement appelé paramètre flou.

Le principe de cet algorithme est de partir de la matrice d'appartenance pour calculer des centres de clusters propices puis en itérant ce schéma. En effet, grâce à la propriété qui exige que $\sum_{j=1}^{c} \mu_{ij} = 1$ pour $i = 1, \dots, N$, les centres de clusters se repoussent. Ce qui permet à J_m d'atteindre un minimum local et à l'algorithme de s'arrêter. Pour minimiser $J_m(U, V)$, les centres de clusters (prototypes) v_j et la matrice d'appartenance U doivent être calculés selon les formules itératives suivantes :

$$\mu_{ij} = \begin{cases} \left(\sum_{k=1}^{c} \left(\frac{\|x_i - v_j\|}{\|x_i - v_k\|} \right)^{\frac{2}{m-1}} \right)^{-1} & \text{si} \|x_i - v_k\| > 0, \ \forall k, \\ 1 & \text{si} \ \|x_i - v_j\| = 0 \\ 0 & \text{si} \ \exists k \neq j \|x_i - v_k\| = 0, \end{cases} \quad \text{Pour } i = 1,\dots,N \text{ et } j = 1,\dots,c \ (2.4)$$

$$v_j = \frac{\sum_{i=1}^{N} \mu_{ij}^m x_i}{\sum_{i=1}^{N} \mu_{ij}^m}, \quad j = 1,\dots,c \qquad (2.5)$$

L'algorithme FCM suit les étapes suivantes :

Algorithme 3 : Algorithme C-moyennes flou

Entrée: L'ensemble d'objets $X = \{x_i : i = 1,\dots,N\} \subset R^M$, le nombre de clusters c , le paramètre flou m et la fonction de distance $\| \ \|$.

Sortie: Matrice d'appartenance U et matrice des centres de clusters V .

Début

    Etape 1: Initialisation des centres de clusters $v_j^0 (j = 1,2,\dots,c)$.

    Etape 2 : Calcul des $\mu_{ij} (i = 1,2,\dots,N; j = 1,2,\dots,c)$ en utilisant l'équation

    Etape 3 : Calcul des nouveaux centres de clusters $v_j^1 (j = 1,2,\dots,c)$ en utilisant l'équation

    Etape 4 : Si $\max_{1 \le j \le c} \left(\|v_j^0 - v_j^1\| / \|v_j^1\| \right) \le \varepsilon$ alors fin de l'algorithme ; sinon $v_j^0 = v_j^1 (j = 1,2,\dots,c)$ et aller à l'étape 2.

FIN

Exemple 1.12

Soit l'ensemble d'objets $X = \{X_1, \dots X_{20}\}$ suivant :

	x_1	x_2
X_1	1.00	0.6
X_2	1.75	0.4
X_3	1.3	0.1
X_4	0.8	0 .2
X_5	1.1	0.7
X_6	1.3	0.6
X_7	0.9	0.5
X_8	1.6	0.6
X_9	1.4	0.15
X_{10}	1.0	0.1
X_{11}	2.0	0.7
X_{12}	2.0	1.1
X_{13}	1.9	0.8
X_{14}	2.2	0.8
X_{15}	2.3	1.2
X_{16}	2.5	1.15
X_{17}	2.7	1.00
X_{18}	2.9	1 .1
X_{19}	2.8	0.9
X_{20}	3.0	1.05

Choisissons comme paramètres d'entrées m=2, $\mathcal{E} = 0.4$ et la matrice initiale U_0 suivante :

$$U_0 = \begin{pmatrix} 1 & 0 \\ 1 & 0 \\ 1 & 0 \\ 1 & 0 \\ 1 & 0 \\ 1 & 0 \\ 1 & 0 \\ 1 & 0 \\ 1 & 0 \\ 1 & 0 \\ 1 & 0 \\ 1 & 0 \\ 1 & 0 \\ 1 & 0 \\ 1 & 0 \\ 1 & 0 \\ 0 & 1 \\ 0 & 1 \\ 0 & 1 \\ 0 & 1 \end{pmatrix}$$

En utilisant l'équation 2.5, nous obtenons les centres des clusters : $V_1 = \binom{1.57}{0.61}$ et $V_2 = \binom{2.85}{1.01}$

En appliquant ensuite l'équation 2.4, nous obtenons la matrice d'appartenance U_1 :

$$U_1 = \begin{pmatrix} 0.97 & 0.03 \\ 0.77 & 0.23 \\ 0.96 & 0.04 \\ 0.94 & 0.06 \\ 0.95 & 0.05 \\ 0.97 & 0.03 \\ 0.96 & 0.04 \\ 0.84 & 0.16 \\ 0.95 & 0.05 \\ 0.95 & 0.05 \\ 0.33 & 0.67 \\ 0.19 & 0.81 \\ 0.39 & 0.59 \\ 0.1 & 0.9 \\ 0.04 & 0.96 \\ 0.01 & 0.99 \\ 0.01 & 0.99 \\ 0.05 & 0.95 \\ 0.03 & 0.97 \\ 0.06 & 0.94 \end{pmatrix}$$

En appliquant de nouveau l'équation 2.5 le nouveaux centres des clusters sont : $V_1 = \begin{pmatrix} 1.21 \\ 0.41 \end{pmatrix}$ et $V_2 = \begin{pmatrix} 2.5 \\ 1 \end{pmatrix}$

Finalement, nous obtenons le résultat du clustering représenté par la figure 1.10 :

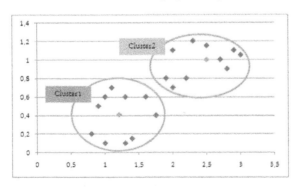

Figure 1.10. Résultat de clustering FCM

2) Clustering hiérarchique

En opposition aux méthodes de partition, les méthodes hiérarchiques ne génèrent pas seulement une partition de l'espace des données, mais une succession de partitions. Celles-ci sont souvent représentées sous la forme d'un dendrogramme. Il existe deux classes de méthodes de segmentation hiérarchique :

- Segmentation hiérarchique ascendante qui part des N points comme N groupes à partir desquels on construit une partition à N - 1 classes par fusion de deux groupes, puis N - 2 groupes par fusion de deux groupes, ... jusqu'à avoir rassemblé tous les points dans un seul groupe ;
- Segmentation hiérarchique descendante qui rassemble initialement les N points dans un seul groupe à partir duquel on construit 2 groupes, puis 3, ... puis N.

Parmi les algorithmes faisant partie de cette famille, on cite l'algorithme BIRCH (Balanced Iterative Reducing and Clustering using Hierarches) [34] et CURE (Clustering Using REpresentatives) [33].

4.2. Extraction des règles et Classification

Nous présentons dans cette partie une approche [28] qui se base sur l'utilisation conjointe de la méthode de classification et de la méthode d'extraction des règles d'association.

Cette méthode était appliquée dans le cadre de données industrielles relatives à la fabrication des véhicules. La base de données utilisée est constituée de plus que 80000 véhicules décrits par plus que 3000 attributs binaires. La similitude de ces données avec des données de transaction a conduit à utiliser la méthode de recherche de règles d'association. Chaque transaction est considérée comme un véhicule et les items achetés sont les attributs binaires.

Le tableau 1.9 représente les résultats en nombre de règles d'association obtenues d'une variation de support vers la baisse. Le nombre de règles atteint 1 623 555 règles pour un support de 100 véhicules.

Support minimum (nb de véhicules vérifiant la règle)	Confiance minimum	Nombre de règles	Taille maximum des règles obtenues
500	50 %	16	3
400	50 %	29	3
300	50 %	194	5
250	50 %	1299	6
200	50 %	102 981	10
100	50 %	1 623 555	13

Tableau 1.9. Règles obtenues sans classification

48

En premier lieu, une première réduction de 60 % du nombre de règles grâce à un regroupement manuel des attributs, a été obtenue.

Support minimum	Confiance minimum	Nombre de règles	Taille maximum des règles obtenues
100	50 %	600636	12

Tableau 1.10. Réduction par classification manuelle

Le nombre de règles obtenues reste encore grand. La méthode proposée pour le diminuer consiste à classifier les attributs (en utilisant une classification hiérarchique ascendante ou descendante) et chercher ensuite les règles d'association à l'intérieur de chaque classe. Seule la méthode de classification descendante (procédure Varclus avec SAS) a réduit considérablement le nombre de règles d'association.

Essai	Nombre de règles	Complexité maximum	Réduction du nombre de règles
Sans classification	600 636	12	-
Ward – R²	600 637	12	0%
Ward – Jaccard	481 649	12	
Ward –Russel & Rao	481 388	12	20%
Ward – Ochiai	479 474	12	
Ward – Dice	481 648	12	
Varclus	5239	4	99%

Tableau 1.11. Résultats obtenus par classification descendante

La méthode utilisée permet de déterminer les règles d'association au sein d'une classe. Elle ne détecte pas des implications entre les différentes classes. Le nombre de règles produites est grand avec des redondances, vu l'adoption de l'approche support confiance au sein de chaque classe.

5. *Panorama des logiciels de data mining gratuits existants*

Nous nous intéressons dans cette partie aux logiciels gratuits les plus connus et les plus utilisés dans le domaine de data mining.

5.1. Weka

Weka est un logiciel créé par le laboratoire d'informatique de l'université de Waikato (Nouvelle-Zelande). Programmé en java, il peut fonctionner sous tous les systèmes d'exploitation. Le code est entièrement libre, lisible et documenté. De plus en plus, dans les publications à caractères scientifiques, le fait d'avoir intégré sa bidouille dans la structure Weka est un atout, d'autres chercheurs peuvent récupérer le code pour reproduire l'expérimentation, apporter des améliorations, etc. [2W]

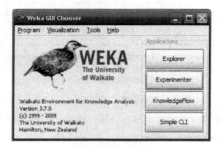

Figure 1.11. Weka

1) *Les fichiers de données Weka*

Le format des fichiers de données dans Weka est le format arff. Un tel fichier doit respecter une structure particulière :

- **L'entête :**

```
% 1. Title: Iris Plants Database
%
% 2. Sources:
%      (a) Creator: R.A. Fisher        │ Commentaire
%      (b) Donor: Michael Marshall
%      (c) Date: July, 1988
%
@RELATION iris
                                      ┌──────────────────────────────────────┐
@ATTRIBUTE sepallength    NUMERIC     │ Les attributs de la forme:             │
@ATTRIBUTE sepalwidth     NUMERIC     │                                        │
@ATTRIBUTE petallength    NUMERIC     │ @attribute <attribute-name> <datatype> │
@ATTRIBUTE petalwidth     NUMERIC     └──────────────────────────────────────┘
@ATTRIBUTE class          {Iris-setosa,Iris-versicolor,Iris-virginica}
```

La section de déclaration des attributs se présente sous la forme d'une séquence ordonnée de *@attribute*. Chaque attribut dans la source de données possède son propre *@attribute* qui définie uniquement le nom de l'attribut et son type de donnée.

L'ordre des attributs déclarés indique la position de la colonne dans la section déclaration de données du fichier. Par exemple, si un attribut est déclaré 3ème, Weka considère que les valeurs de cet attribut sont situées au niveau de la 3ème virgule délimitant de chaque colonne.

Datatype peut être l'un des types suivants:

- *Numeric*
- *integer* considéré comme *numeric*
- real considéré comme numeric
- *<nominal-specification>*
- *String*
- *date [<date-format>]*
- *relational* pour les données multi-instance

- **Les données :**

Chaque instance est représentée par une ligne avec un retour chariot dénotant la fin de l'instance. Les valeurs d'attribut de chaque instance sont délimitées par une virgule. Elles doivent apparaitre dans l'ordre suivant lequel sont déclarées dans la section entête (i.e. La donnée correspondante au nième @*attribute* déclaration est toujours le nième champ de cet attribut).

```
@DATA
5.1,3.5,1.4,0.2,Iris-setosa
4.9,3.0,1.4,0.2,Iris-setosa
4.7,3.2,1.3,0.2,Iris-setosa
4.6,3.1,1.5,0.2,Iris-setosa
5.0,3.6,1.4,0.2,Iris-setosa
5.4,3.9,1.7,0.4,Iris-setosa
```

2) *Clustering Flou*

Frank Weber et Robin Senge, deux chercheurs allemands, ont développé une extension pour Weka 3.4 portant le nom de FuzzyWeka. Cette dernière est une extension open source de Weka en java implémentant deux algorithmes de classification (clustering) floue qui sont FuzzyKMeans et FuzzyGK et une règle FuzzyR basée sur le fuzzy classifier.

5.2. Tanagra

Tanagra est un logiciel gratuit de data mining destiné à l'enseignement et à la recherche. Il implémente une série de méthodes de fouilles de données issues du domaine de la statistique exploratoire, de l'analyse de données, de l'apprentissage automatique et des bases de données. Parmi les méthodes de clustering implémentées dans ce logiciel, nous pouvons citer K-Means, VARCLUS, HAC (Hiearchical Clustering) et CT (clustering tree). Pour l'extraction des règles d'association, Tanagra n'implémente que l'algorithme Apriori.

Tanagra est un projet ouvert au sens qu'il est possible à tout chercheur d'accéder au code et d'ajouter ses propres algorithmes pour peu qu'il respecte la licence de distribution du logiciel.

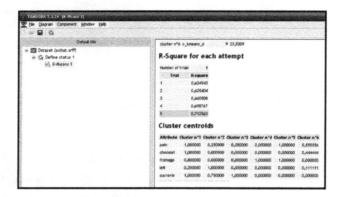

Figure 1.12. Tanagra

Il n'intègre pas en revanche, à l'heure actuelle, tout ce qui fait la puissance des outils commerciaux du marché : multiplicité des sources de données, accès direct aux entrepôts de données et autres datamarts, appréhension des données à problèmes (valeurs manquantes...), interactivité des traitements, etc [3W]

5.3. Orange

Orange est un logiciel libre, avec deux modes de fonctionnement :

- En mode visuel sous forme de diagramme de traitements, très classique maintenant
- En mode interprété avec le langage de programmation Python.

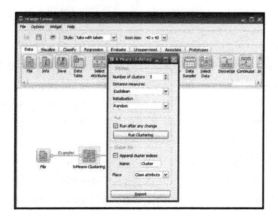

Figure 1.13. Orange

Contrairement à la plupart des logiciels issus de la recherche, ce logiciel dispose de modules pour l'exploration graphique des données [2W]

Seule la classification non supervisée Crisp est intégrée. Parmi ses méthodes, nous trouvons K-Means et le Clustering hiérarchique. Concernant les algorithmes d'extraction des règles associatives, seul Apriori est implémenté dans ce logiciel.

5.4. Autres logiciels

D'autres outils de datamining gratuits moins connus existent, nous pouvons citer comme exemple :

1) The Gnome Data Mine

C'est un logiciel [6W] fonctionnant sous Linux, Unix et MSWindows. Il implémente quelques méthodes de traitement de données (arbres de décision, règles d'association, graphiques…). L'extraction des règles d'association se fait par l'algorithme Apriori.

2) Coron de l'équipe ORPAILLEUR du LORIA

C'est une plate-forme de fouille de données [5W], développée en java et composée de quatre modules. Elle est utilisée sur des bases de données binaires. Elle contient des modules pour le traitement des données et la recherche des itemsets fréquents, ainsi qu'un module pour l'extraction des règles d'association AssRuleX (Association Rule eXtractor) et un dernier pour faire le tri de ces règles (RuleMiner) afin de remédier au problème d'importance de nombre de règles générées. Cet outil est exécuté en ligne de commande, il nécessite un émulateur de commandes bash pour son utilisation sous windows.

5.5. Evaluation des outils de datamining existants

Nous évaluons dans la suite les trois outils de data mining les plus connus et qui sont Weka, Orange et Tanagra. Nous nous basons dans cette partie sur [4W] ainsi que sur notre propre évaluation et utilisation de ces logiciels.

Le tableau 1.12 est une comparaison générale de ces logiciels (langage, licence, os, taille de données, etc.)

Nous nous intéressons dans le tableau 1.13, aux méthodes de fouille de données supportées par ces 3 logiciels, en particulier la classification non supervisée (clustering) et l'extraction des règles d'association. Nous élaborons une liste d'exemples d'algorithmes de classification et d'extraction des règles d'association les plus connus implémentés dans ces plateformes.

Logiciel	Code source	OS	Taille de données	Traitements	Type de fichiers (Extensions)	Exemple de fichiers par défaut	Performance	Exploration graphique
Tanagra	Pascal Objet compilable avec Delphi6.0 (Licence privative)	Windows	Moyenne	Combinaison de traitements	txt, arff et xls	mushrooms.txt, weather.txt, vote.txt et breast.txt	- chargement de toutes les données en mémoire - choix optimisé pour le temps de calcul (importation, arbre de décision…) -gestion de mémoire moins performante	Minimaliste et sans interactivité
Orange	C++ (GPL)	Toutes les plateformes (nécessite un interpréteur Python)	Moyenne	Combinaison de traitements	tab, txt, arff, data, dat, rda, rdo et basket	adult.tab, iris.tab, car.tab, heart_disease.tab, titanic.tab, voting.tab et zoo.tab	- chargement de toutes les données en mémoire - lenteur et soucis de gestion mémoire sur grosses BD - méthodes = DLL compilées	Riche et interactive
Weka	Java (GPL)	Toutes les plateformes	Moyenne	Combinaison de traitements	names, data, csv, libsvm, dat, bsi, arff.gz, xrff et xrff.gz	iris.arff, cpu.arff, labor.arff et weather.arff	- chargement de toutes les données en mémoire - La vraie limitation est technologique (JAVA) • Sur la taille de la base (taille du tas) • Sur la rapidité	Embryonnaire et inadapté pour les grandes bases

Tableau 1.12. Evaluation des outils de data mining

Logiciel	Classification			Exemples d'algorithmes de classification (clustering)		Exemples d'algorithmes d'extraction de règles d'association	
	Crisp	Floue	Selon un critère	Nom de l'algorithme	Type de données	Nom de l'algorithme	Types de données
Tanagra	Oui	Non	Non	HAC (Hiearchical Clustering)	Attributs numériques	Apriori	Attributs numériques / Attributs binaires (0/1)
				K-Means	Attributs numériques	Apriori MR	Attributs non numériques / Attributs binaires (0/1)
				Kohonen-SOM	Attributs numériques	Apriori PT	Attributs non numériques
				VARCLUS	Attributs numériques	Assoc Outlier	Attributs non numériques / Attributs binaires (0/1)
Orange	Oui	Non	Non	K-Means	Attributs numériques	Apriori	Attributs non numériques
Weka	Oui	Oui	Non	SimpleKMeans	Attributs non numériques /Attributs numériques	Apriori	Attributs non numériques
				XMeans	Attributs numériques	FilteredAssociator	Attributs non numériques
				DBScan	Attributs non numériques /Attributs numériques	HotSpot	Attributs non numériques /Attributs numériques
				EM	Attributs non numériques /Attributs numériques	PredictiveApriori	Attributs non numériques
				Clope	Attributs non numériques	Tertius	Attributs non numériques

Tableau 1.13. Méthodes de fouille de données implémentées dans les logiciels de data mining

Parmi les limites des outils de data mining, précédemment présentés, nous relevons les points suivants :

- **La classification floue :** Rares sont les outils de data mining gratuits qui implémente des méthodes de clustering floue. Parmi Orange, Tanagra et Weka, seul le dernier offre une implémentation de l'algorithme de clustering flou FCM, ce dernier n'existe que pour la version 3.4 (la dernière version de weka est 3.7) et n'est pas inclus par défaut dans les versions officielles de weka. Il existe aussi des problèmes de compatibilité avec les nouvelles versions, surtout que le projet n'est plus mis à jour. D'autre part, il n'est pas possible de faire une séquence de traitements incluant la classification floue, qui est non fonctionnelle dans le mode Knowledge Flow de Weka.

- **La sélection des attributs au cours d'une opération de classification :** l'utilisateur de l'un de ces outils ne peut pas définir sa propre vue de classification, seule une classification globale est possible (classification sur tous les attributs). D'où l'impossibilité de faire une classification selon un attribut choisi.

- **Le nombre d'algorithmes d'extraction de règles d'association présents dans ces outils est limité et les algorithmes les plus connus sont absents :** L'extraction des règles d'association sous Orange et Tanagra ne se fait qu'avec l'algorithme Apriori. Weka offre, en plus, d'autres algorithmes (*Tertius, Hotspot* et *predictiveApriori*). Cependant, la palette des méthodes d'association reste limitée et pauvre. Il en manque aussi les algorithmes d'extraction de bases génériques.

- **Problèmes avec les grandes bases de données :** ces outils montrent leurs limites dès que de grands ensembles de données sont traités, des problèmes de mémoire sont alors détectés. Par exemple, le développeur de Tanagra indique que l'implémentation de l'algorithme Apriori dans ce logiciel est loin d'être optimisée. En effet, la capacité maximale que l'on peut traiter est de 250 000 individus et si l'opérateur est mal paramétré, les calculs peuvent se révéler très gourmands en temps et en espace mémoire.

- **Calcul du temps d'exécution :** Weka et Orange ne fournissent pas les temps d'exécution des algorithmes (ou des traitements). Seul Tanagra fournie ce détail.

- **La visualisation des règles d'association :** Weka produit une sortie en mode textuel sans visualiser chaque type de règles à part (règles exactes et approximatives), ce qui n'est pas convenable pour les utilisateurs. Tanagra produit des sorties au format HTML, une bonne solution pour la mise en forme des rapports générés mais qui

56

présente des problèmes pour l'exportation des données, en plus, il n'existe pas de séparation entre les règles exactes et approximatives aussi.

Conclusion

Dans ce chapitre, nous avons étudié les différents concepts liés aux problèmes de la classification de données et d'extraction des règles d'association. Nous avons commencé par présenter le domaine d'extraction de connaissances des données, ensuite les notions générales de ce problème, ses domaines d'application et les différents algorithmes et approches qui lui sont liés. Nous avons évalué ces différentes approches pour conclure sur leurs utilités. Dans un deuxième temps nous avons présenté la classification : son principe, ses domaines d'applications et ses méthodes. Finalement, nous avons établi un panorama des outils de data mining gratuits existants, et nous avons relevé leurs limites. Dans le chapitre suivant nous proposons une nouvelle approche d'extraction de connaissances basée sur la classification des données.

Chapitre 2 Nouvelle Approche d'extraction de connaissances basée sur la classification des données

Introduction

Dans ce chapitre, nous proposons une nouvelle approche pour l'extraction de connaissances des données basée sur la classification de ces dernières avant de procéder à une extraction de règles d'association sur les données préalablement classifiées.

1. Problématique et solution proposée

Les approches d'extraction des règles sont basées sur des algorithmes de recherche des itemsets fréquents ou des itemsets fermés fréquents. Comme la complexité de ces algorithmes est fonction du nombre et des caractéristiques de données traitées, l'utilisateur peut se heurter rapidement à une explosion de nombre de règles générées. En effet, dans la plupart des cas, les ensembles de données réels conduisent à plusieurs milliers voire plusieurs millions de règles d'association dont la mesure de confiance est élevée.

L'approche basée sur l'AFC permet de réduire ce nombre en ne générant qu'un sous ensemble générique de toutes les règles d'association (base générique).

Le souci des chercheurs dans cet axe de recherche reste toujours comment donner un ensemble de règles optimum modélisant de façon fidèle l'ensemble de données de départ.

A notre avis, les limites de ces méthodes est qu'elles procèdent toutes par extraction de l'ensemble des règles à partir des données (itemsets fréquents ou itemsets fermés fréquents) qui sont très volumineux.

En conséquence :

- Ceci nécessite un grand espace mémoire pour la modélisation des données, et des structures de données exigées par ces algorithmes tels que les arbres ou les graphes ou les treillis

- Le temps d'exécution pour la gestion de ces structures de données est important

- les règles générées à partir de ces données sont généralement des règles redondantes

- les algorithmes de générations de règles donnent un très grand nombre de règles, des milliers, que le cerveau de l'être humain ne peut même pas assimiler.

- des travaux antérieurs ont démontré que le comportement de ces algorithmes d'extraction des règles d'association varie fortement selon les caractéristiques des ensembles de données utilisés [5]. Le nombre de règles associatives générées varie en général de plusieurs dizaines de milliers à plusieurs millions [43], [44].

- les règles générées par ces algorithmes ne prennent pas en compte la sémantique des données ni l'importance d'un attribut par rapport à un autre dans la description des données, selon le domaine spécifique de cet ensemble de données

Généralement, le but d'extraire un ensemble de règles est d'aider l'utilisateur à donner une sémantique des données et optimiser la recherche de l'information dans ce grand ensemble de données. Cette contrainte fondamentale n'est pas prise en compte par ces approches

Pour remédier à ces problèmes, nous proposons une nouvelle approche qui combine la classification des données et l'extraction des règles d'association à partir des données classifiées.

Le problème qui se pose, dans ce cas, est le type de données. En effet, les algorithmes retenus pour notre approche et qui sont FCM (pour le clustering flou), Apriori et Close (pour les règles d'association) s'appliquent sur des données de type différent. Pour résoudre ce problème, nous mettons en place un module de réécriture des fichiers de données afin de les adapter pour chaque phase.

2. *Principe de la nouvelle approche*

Le principe de notre approche se base sur les points suivants :

1. Classification des données : Application d'un algorithme de classification non supervisée floue sur les éléments d'une source de données pour les répartir en clusters, nous obtenons, ainsi, l'appartenance des objets aux différents clusters. Il s'agit de l'algorithme FCM.

2. Détermination de la matrice d'appartenance : la matrice obtenue est considérée comme un contexte formel où les objets sont les éléments à classer et les attributs sont les clusters

3. Génération des règles d'association à partir du contexte formel déjà déterminé afin de générer l'ensemble de Méta connaissances. Pour cette phase, nous sélectionnons deux approches :

- Extraction des règles d'association à partir des itemsets fréquents : nous utilisons les 2 algorithmes d'Agrawal, à savoir, l'algorithme Apriori pour la recherche des itemsets fréquents et l'algorithme (Apriori Rule Generation Algorithm) d'extraction des règles d'association à partir de l'ensemble des itemsets fréquents généré.

- Génération des bases de règles d'association : nous utilisons l'algorithme Close pour la découverte des itemsets fermés fréquents, à partir de ces derniers et de leurs générateurs, nous générons la base générique pour les règles d'association exactes en utilisant l'algorithme Gen-BG et la base informative pour les règles d'association approximatives en utilisant l'algorithme Gen-BI.

Le processus d'extraction des connaissances à partir des données (illustré par la figure 2.1) se déroule en deux phases:

1. **Phase de classification**, pour organiser les données en groupes, utilisant les algorithmes de classification,

2. **Phase d'extraction de connaissances**, par la génération des règles d'association.

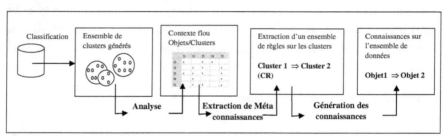

Figure 2.1. Processus d'extraction des connaissances

3. Fondement Théorique de la nouvelle approche

Nous disposons, au début, d'un ensemble de données (constitué d'objets et d'attributs), sur lequel, nous appliquons un algorithme de classification floue. Nous travaillons avec les notions suivantes :

Définition (*Contexte formel flou*) : Un contexte formel flou est un triplet $K_f = (X, V, I = \varphi(X, V))$ où X est un ensemble d'objet, V est un ensemble d'attributs et I est un ensemble flou du domaine $X \times V$. Chaque couple $(x_i, v_j) \in I$, avec $x_i \in X$ et $v_j \in V$, a un degré d'appartenance $\mu(x_i, v_j)$ dans $[0,1]$.

Dans notre cas, X est l'ensemble d'objets, V est l'ensemble de clusters, et I est un ensemble flou du domaine $X \times V$. Chaque relation $(x_i, v_j) \in I$ a un degré d'appartenance $\mu(x_i, v_j)$ dans $[0,1]$.

Exemple 2.1

Considérons la liste des notes de 10 étudiants en 5 matières (tableau 2.1).

	DB	PL	NT	LI	AT
E1	15	14	12	14	10
E2	14	15	9	8	10
E3	16	13	12	12	7
E4	7	10	14	12	8
E5	11	5	18	15	14
E6	12	11	10	10	10
E7	17	6	14	15	14
E8	9	10	12	11	10
E9	5	6	10	6	10
E10	13	7	12	14	13

Tableau 2.1. Exemple de notes d'étudiants

En appliquant l'algorithme de classification floue sur ce contexte, nous obtenons la matrice d'appartenance présente dans le tableau 2.2. C'est le contexte formel flou.

Nous nous intéressons pour la détermination de règles d'association entre clusters à l'appartenance ou non de l'objet au cluster. Pour réduire ce contexte flou, nous avons recours à la notion de *coupe* [37] pour éliminer les relations ayant de faibles degrés d'appartenance. Et aussi pour transformer le contexte flou en un contexte flou réduit.

	C1	C2	C3
E1	0.087	0.098	0.814
E2	0.163	0.088	0.747
E3	0.076	0.065	0.858
E4	0.806	0.085	0.107
E5	0.161	0.736	0.102
E6	0.332	0.110	0.557
E7	0.065	0.847	0.087
E8	0.894	0.041	0.064
E9	0.688	0.153	0.158
E10	0.098	0.812	0.088

Tableau 2.2. Résultat de classification

Définition (α-coupe) : Soit $V = \{v_j : j = 1,...,c\} \subset R^M$ les centres des clusters générés pour l'ensemble des données $X = \{x_i : i = 1,...,N\} \subset R^M$. Nous définissons la coupe, notée α − *Coupe*, sur le contexte flou comme étant *l'inverse du nombre de clusters obtenus*. Elle est donnée par l'équation suivante :

$$\alpha - Coupe(U) = (c)^{-1}$$

Nous obtenons après application de l' α − *Coupe* le contexte flou réduit. En reprenant l'exemple précédent, nous appliquons l' α − *Coupe* sur le résultat de classification (le contexte formel flou du tableau 2.2), nous obtenons alors le contexte réduit flou (tableau 2.3).

	C1	C2	C3
E1	-	-	0.814
E2	-	-	0.747
E3	-	-	0.858
E4	0.806	-	-
E5	-	0.736	-
E6	-	-	0.557
E7	-	0.847	-
E8	0.894	-	-
E9	0.688	-	-
E10	-	0.812	-

Tableau 2.3. Contexte réduit flou

Propriétés

1. Le nombre de clusters générés par un algorithme de classification est toujours **nettement inférieur** aux nombres d'objets de départ sur lesquels on applique l'algorithme de classification

2. Tous les objets appartenant à un même cluster possèdent **les mêmes caractéristiques**. Ces caractéristiques peuvent être déduites facilement sachant le centre et la distance du cluster.

3. La taille du treillis modélisant des propriétés entre les clusters est **nettement inférieure** à la taille du treillis modélisant des propriétés entre les données.

4. La gestion du treillis modélisant des propriétés entre les clusters est **plus optimum** que la gestion du treillis modélisant des propriétés entre les données.

Notations

Soient deux clusters C1 et C2 générés par un algorithme de classification, la règle C1 $\Rightarrow$ C2 avec un coefficient (CR) sera notée $\boxed{\text{C1} \Rightarrow \text{C2} \quad \text{(CR)}}$. Si le coefficient CR est égal à 1 alors la règle est une règle exacte.

Théorème1

Soient C1 et C2 deux clusters, générés par un algorithme de classification et vérifiant les propriétés p1 et p2 respectivement. Alors les propriétés suivantes sont équivalentes

C1 $\Rightarrow$ C2 (CR)

$\Leftrightarrow$

$\forall$ objet O1 $\in$ C1 => O1 $\in$ C2 (CR) et $\forall$ objet O1 $\in$ C1, O1 vérifie la propriété p1 de C1 et la propriété p2 de C2. (CR)

Théorème2

Soient C1, C2 et C3 trois clusters générés par un algorithme de classification et vérifiant les propriétés p1, p2 et p3 respectivement. Alors les propriétés suivantes sont équivalentes

C1 et C2 => C3 (CR)

$\Leftrightarrow$

$\forall$ objet O1 $\in$ C1 $\cap$ C2 => O1 $\in$ C3 (CR) et $\forall$ objet O1 $\in$ C1 $\cap$ C2 alors O1 vérifie les propriétés p1, p2 et p3 avec (CR)

La preuve des deux théorèmes découle du fait que tous les objets qui appartiennent à un même cluster vérifient nécessairement la même propriété que leur cluster.

Modélisation d'un cluster par un prédicat :

Chaque Classe générée par un algorithme de classification sera modélisée par un prédicat ayant deux arguments dont le premier est le cluster et le deuxième est la propriété rattachée à ce cluster.

Exemple 2.2

Soit la matrice de classification suivante :

	C1	C2	C3	C4	C5
Lait	×				
Pain		×			
Œuf			×		
Fromage				×	
Eaux					×

Tableau 2.4. Matrice de classification

Le cluster C1 sera modélisé par le prédicat achète (x, lait).

Nous déduisons dans ce cas que si nous avons la règle : **C1 ⇒ C2 (CR)**, elle sera transformée en règle suivante: **achète (x, lait) ⇒ achète (x, pain) (CR)**

Ainsi nous pouvons générer les différentes règles sur les données à partir des règles générées sur les clusters.

4. Apports de la Nouvelle Approche

Nous présentons dans cette section les différents avantages de notre nouvelle approche d'extraction de connaissances :

1. Extensibilité de notre approche

- Notre approche peut être appliquée **avec n'importe quel algorithme de classification** supervisée ou non pour classifier nos données.

- L'étape de génération peut être appliquée avec **n'importe quel algorithme de génération de règles d'association**. Dans la littérature, les études ont montré que tel algorithme est plus optimum que l'autre selon le domaine des données utilisées.

Ceci veut dire que nous pouvons appliquer la méthode la plus optimum selon le domaine de l'ensemble de données.

- Nous pouvons générer le maximum de connaissances sur nos données de départ, il suffit de modifier le choix de critère de classification. Ce critère peut être choisi par l'utilisateur comme paramètre d'entrée selon l'importance de l'attribut dans son domaine d'application.

- Nous pouvons classifier nos données selon différents critères et générer des clusters différents qui vont générer un ensemble de Méta connaissances.

2. La définition du concept de Méta connaissances

Cette définition est à notre avis très importante, puisque le nombre de règles générées est plus petit. En plus le concept de Méta connaissances est très important pour avoir une vue globale sur l'ensemble de données qui est très volumineux. Ceci modélise une certaine abstraction des données qui est fondamentale dans le cas d'un nombre énorme de données.

Nous définissons dans ce cas des règles d'association entre les classes. Ce qui nous permet de générer automatiquement les règles d'association entre les données si nous voulons détailler plus.

3. Les règles obtenues peuvent être présentées à un Générateur de Système expert pour offrir à l'utilisateur la possibilité de dialoguer avec ce Système Expert et satisfaire ses besoins.

Conclusion

Dans ce chapitre, nous avons détaillé les bases théoriques sur lesquelles repose la nouvelle approche d'extraction de connaissances des bases de données que nous avons proposée. Dans le chapitre suivant, implémentons une plateforme de clustering et d'ECD qui nous permettra de mettre en pratique cette approche.

Chapitre 3   Conception et développement d'une plateforme de clustering et d'ECD

Introduction

Dans ce chapitre, nous recensons, tout d'abord, les besoins de l'application. Nous détaillons ensuite l'étape de sa conception à l'aide des diagrammes UML. Nous présentons, juste après, l'environnement matériel du projet, ensuite les outils de développement utilisés pour la mise en place des différents modules de la plateforme de clustering et d'ECD. Nous finissons par une illustration des différentes étapes d'implémentation de notre application.

1. Analyse et conception de la plateforme

Dans cette partie nous commençons par recenser les besoins fonctionnels et non fonctionnels de l'application cible. Pour établir les besoins fonctionnels du système ne nous appuyons sur les diagrammes de cas d'utilisation accompagnés de leurs descriptions textuelles. Nous présentons ensuite la phase de conception en utilisant les diagrammes UML.

1.1. Spécification des besoins

1) Spécification des besoins fonctionnels

La plateforme doit offrir les fonctionnalités suivantes :

- Classification floue des données avec possibilité d'exportation du contexte flou réduit.

- Extraction des règles d'association à partir des données.

- Automatisation du processus d'extraction des règles d'association à partir des données selon la nouvelle approche présentée dans le chapitre précédent.

2) Spécification des besoins non fonctionnels

L'application à développer doit respecter un ensemble de contraintes :

- **Convivialité et facilité d'utilisation** : Il faut assurer une certaine facilité de manipulation et d'accès à l'information pour l'utilisateur. L'interface graphique doit être bien structurée, claire et simple. Il faut aussi prévoir la gestion des erreurs.

- **Tests et intégration** : Après avoir implémenté la solution, il faut la tester, afin de s'assurer de son bon fonctionnement, et d'avoir géré toutes les erreurs

1.2. Conception

1) Diagramme des cas d'utilisation

La figure 3.1 présente le diagramme des cas d'utilisation globale de la plateforme.

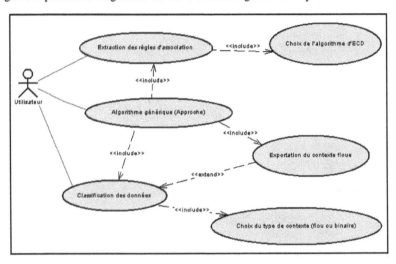

Figure 3.1. Diagramme de cas d'utilisation

Description textuelle

Nous détaillons, dans ce qui suit, la description textuelle des cas d'utilisation génériques.

➤ **Cas d'utilisation : Extraction des règles d'association**

Nom de cas d'utilisation : Extraction des règles d'association

Acteur : Utilisateur

Scénario nominal :

1. L'utilisateur choisit dans le menu un algorithme d'extraction de règles d'association.

2. Le système affiche l'assistant de l'algorithme choisi.

3. L'utilisateur choisit une source de données, paramètre l'algorithme et valide le formulaire.

4. Le système fait appel à l'algorithme qui extrait les règles d'association des données en entrée et affiche le résultat à l'utilisateur.

> ### Cas d'utilisation : Classification des données

Nom de cas d'utilisation : Classification des données

Acteur : Utilisateur

Scénario nominal :

1. L'utilisateur choisit dans le menu un type de classification ainsi que l'algorithme de classification

2. Le système affiche l'assistant de l'algorithme choisi.

3. L'utilisateur choisit une source de données, paramètre l'algorithme et valide le formulaire.

4. Le système effectue la classification des données en entrée et affiche la matrice obtenue à l'utilisateur.

5. L'utilisateur peut exporter le contexte flou résultant.

> ### Cas d'utilisation : Algorithme générique (Approche)

Nom de cas d'utilisation : Algorithme générique

Acteur : Utilisateur

Scénario nominal :

1. L'utilisateur choisit dans le menu l'algorithme générique d'extraction des règles associatives.

2. Le système affiche l'assistant de l'algorithme choisi.

3. L'utilisateur choisit une source de données, choisit un algorithme de classification et le paramètre.

4. Il choisit un algorithme d'extraction de règles associatives et le paramètre.

5. Il finit par valider le formulaire.

6. Le système affiche comme résultat les règles d'association extraites des données classifiées.

2) Diagrammes de séquences

> ### Diagramme de séquences pour le cas d'utilisation : Extraction des règles d'association

L'utilisateur choisit un algorithme d'extraction des règles d'association (Close ou Apriori). Prenons l'exemple de Close, la figure 3.2 présente le diagramme de séquences de ce cas d'utilisation.

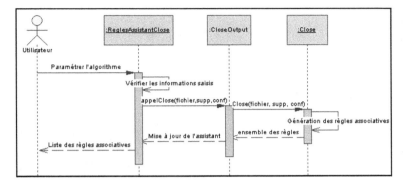

Figure 3.2. Diagramme de séquences pour le cas d'utilisation : Extraction des règles d'association

> ➢ *Diagramme de séquences pour le cas d'utilisation : Algorithme générique (Approche)*

L'utilisateur choisit un algorithme de classification (crisp ou floue) et un algorithme d'extraction des règles d'association (Close ou Apriori). Pour notre cas, l'algorithme de clustering est FCM, prenons Close comme algorithme d'extraction des règles associatives, la figure 3.3 présente le diagramme de séquences de ce cas d'utilisation.

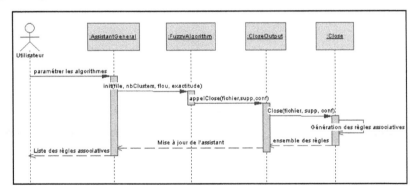

Figure 3.3. Diagramme de séquences pour le cas d'utilisation : Algorithme générique (Approche)

3) *Diagramme de Classes*

Le diagramme de classes globale des modules d'extraction de règles d'association et de classification est représenté par la figure 3.4.

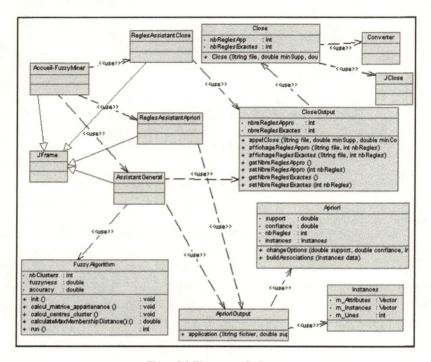

Figure 3.4. Diagramme de classes

Nous détaillons maintenant les rôles des principales classes :

- **Accueil-FuzzyMiner** : La première fenêtre (l'accueil de l'application) qui contient le menu permettant de choisir un traitement (technique) de fouille de données à effectuer.
- **ReglesAssistantClose** : La fenêtre de l'assistant de l'algorithme Close. Elle contient une zone de paramétrage de ce dernier : source de données à traiter, support, confiance et nombre de règles à afficher. Elle fait appel à la classe Close pour l'extraction des règles d'association. L'affichage du résultat d'extraction (les règles d'association exactes et approximatives obtenues) se fait dans cette fenêtre.
- **ReglesAssistantApriori** : La fenêtre de l'assistant de l'algorithme Apriori. Elle contient une zone de paramétrage de ce dernier : source de données à traiter, support et confiance. Elle fait appel à la classe Apriori pour l'extraction des règles d'association. L'affichage du résultat d'extraction (les règles d'association exactes et approximatives obtenues) se fait dans cette fenêtre.

- *AssistantGeneral* : La fenêtre de l'assistant de l'algorithme générique (implémentation de l'approche dans la plateforme). Elle contient une zone de paramètres de classification : choix de l'algorithme de classification depuis une liste des algorithmes implémentés, du nombre de clusters, de la source de données à traiter et les paramètres spécifiques à l'algorithme choisi (pour FCM : le degré flou et l'exactitude). Elle contient aussi une zone de saisie pour saisir les paramètres d'extraction des règles associatives : choix de l'algorithme d'extraction de règles depuis une liste des algorithmes implémentés, le support et la confiance. L'affichage du résultat d'extraction (les règles d'association exactes et approximatives obtenues) se fait dans cette fenêtre.

- *CloseOutput* : C'est la classe qui fait l'appel à l'algorithme Close après vérification des paramètres saisis par l'utilisateur.

- *Close* : C'est la classe qui parce le fichier de données et applique l'algorithme Close sur ces dernières.

- *AprioriOutput* : C'est la classe qui fait l'appel à l'algorithme Apriori après vérification des paramètres saisis par l'utilisateur.

- *Apriori* : C'est la classe qui parce le fichier de données et applique l'algorithme Apriori sur ces dernières.

2. Environnement et outils de développement

Le développement et les tests présentés dans cette partie sont effectués sur un PC portable de 0.99 Go de RAM doté d'un processeur Intel Pentium M de 1,73 Ghz, sous le système d'exploitation Windows XP SP3.

Le langage de programmation utilisé pour l'implémentation des algorithmes dans notre approche est Java. En effet, les applications java présentent l'avantage d'être portables, indépendantes des plateformes et extensibles.

L'IDE choisi pour l'implémentation de la plateforme de validation est IntelliJIDEA Community Edition 9.0 de Jetbrains. Cet éditeur offre plusieurs options qui aident à augmenter la productivité du programmeur. En effet IntellijI signale les parties du code susceptibles de générer une erreur, et permet aussi de proposer, en cas de besoin une liste de choix depuis laquelle le programmeur désigne la méthode ou l'objet à modifier, il offre aussi la possibilité de gérer l'importation automatique de librairies, il gère la hiérarchie du projet depuis une interface graphique très ergonomique et il permet de générer la documentation (Java Doc).

3. Implémentation de la plateforme de clustering et d'ECD

Dans [36], notre équipe a mis en place une plateforme en java, nommée *ClusterFCA* qui intègre un module de classification contenant des algorithmes de clustering binaire et flou. Elle intègre aussi un module AFC pour la construction de treillis simples et imbriqués et ce à partir d'un contexte ou encore d'une matrice d'appartenance.

Cette plateforme offre les fonctionnalités suivantes :

- Construction de diagramme simple à partir de contexte binaire : Cette fonctionnalité permettra à l'utilisateur d'introduire les objets et les attributs devant avoir des noms uniques et de les faire correspondre de façon classique selon la logique binaire et de visualiser le diagramme qui correspond au contexte créé ;
- Construction de diagramme simple à partir de contexte flou : Cette fonctionnalité permettra à l'utilisateur d'introduire les objets et les attributs de noms uniques et de les faire correspondre de façon floue en introduisant les degrés d'appartenance et d'obtenir le diagramme correspondant ;
- Affichage des distances entre les nœuds du diagramme obtenu à partir d'un contexte flou ;
- Construction de diagramme à partir d'un contexte obtenu automatiquement à partir d'une classification binaire ou floue des données ;
- Affichage des degrés d'appartenance des différents éléments aux clusters et des distances entre les différents concepts dans le cas du clustering flou ;

Nous nous proposons d'ajouter un module d'extraction de règles d'association à la plateforme *ClusterFCA* permettant l'extraction des règles d'association à partir des données brutes et des données classifiées.

Notre objectif est d'implémenter, dans la plateforme, les principales fonctionnalités suivantes :

- Exportation de la matrice d'appartenance obtenue après la classification floue des données en entrée.
- Extraction des règles d'association, à partir de données en entrée, et visualisation de ces dernières.

- Application directe de l'approche sur une source de données, dans une seule fenêtre de paramétrage, et visualisation des règles d'association résultantes.

Dans la suite, nous présentons en détails les améliorations et les nouvelles fonctionnalités implémentées dans la plateforme.

3.1. Amélioration du module de classification floue

Ce module existe déjà dans la plateforme, nous lui avons ajouté les deux fonctionnalités suivantes :

- Adaptation et exportation de la matrice.
- Possibilité d'attribuer des étiquettes aux clusters afin de leur donner une sémantique.

L'algorithme de clustering flou implémenté est FCM.

Figure 3.5. Choix du type de classification

Son application passe par un assistant qui offre le moyen de spécifier les paramètres de cet algorithme qui sont le degré flou (fuzziness), l'exactitude (accurancy) et le nombre de clusters. Ces paramètres sont déjà initialisés par défaut. Le nombre de clusters est choisi d'une manière arbitraire et peut être changé à volonté, tandis que les deux autres sont choisis de façon à garantir un rendement optimum de l'algorithme. L'assistant permet aussi de spécifier la source de données à classifier et donne la possibilité de choisir un attribut selon lequel la classification sera effectuée.

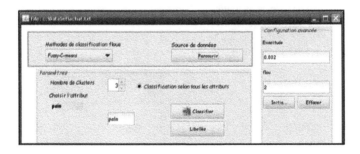

Figure 3.6. Paramétrage de FCM

73

- Attribution des étiquettes aux clusters :

Nous avons ajouté un assistant d'attribution d'étiquettes aux différents clusters :

Figure 3.7. Assistant d'attribution de libellés pour les clusters

Ainsi selon le nombre de clusters choisi, l'assistant permet à l'utilisateur d'attribuer un libellé à chaque cluster. Une fois son choix validé, les étiquettes accordées s'affichent dans le résultat de clustering et remplacent les noms non significatifs des clusters.

Nom : panier			
Type : ☑ Contexte flou ☐ Contexte Binaire — Libellés			
	haut	moyen	bas
OBJ0__ 34,042%	0	0	0.34042385
OBJ1__ 33,422%	0	0.3342815	0.3342246
OBJ2__ 33,422%	0	0.3342815	0.3342246
OBJ3__ 34,042%	0	0	0.34042385

Figure 3.8. Affichage des libellés dans le résultat de clustering

Ces libellés facilitent aussi la lecture des règles d'association générées entre les clusters en attribuant à ces derniers une sémantique :

```
1- [bas=t] -> [haut=t] supp=8 conf=0,67
2- [moyen=t] -> [haut=t] supp=5 conf=0,38
3- [haut=t] -> [bas=t] supp=8 conf=0,47
4- [haut=t] -> [moyen=t] supp=5 conf=0,29
```

Figure 3.9. Règles d'association entre les clusters

En appliquant l'algorithme de classification FCM sur les données d'entrée, nous obtenons un contexte flou réduit (figure 3.10). Les relations entre les objets et les attributs sont représentées par les valeurs d'appartenance de chaque objet aux différents clusters qui appartiennent à [0,1].

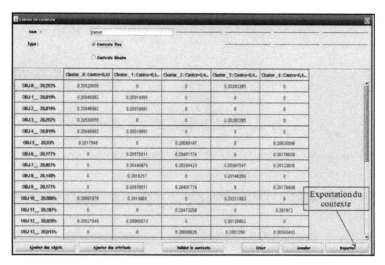

Figure 3.10. Résultat de clustering

- Adaptation de la matrice d'appartenance et exportation du contexte flou

Dans cette étape, nous assurons l'adaptation, autrement dit la réécriture de la matrice d'appartenance déjà obtenue afin d'en faire un contexte de fouille servant d'entrée pour le module d'extraction de règles.

En cliquant sur le bouton « Exporter » que nous avons ajouté dans la fenêtre de l'éditeur de contexte (figure 3.10), le processus de réécriture et d'exportation se déclenche et s'effectue en arrière plan. Cette opération est illustrée par la figure 3.11.

Figure 3.11. Exportation du contexte flou

Le fichier de données est de la forme suivante :

```
 1.   @RELATION contexte
 2.
 3.   @attribute cluster0 (t)
 4.   @attribute cluster1 (t)
 5.   @attribute cluster2 (t)
 6.   @attribute cluster3 (t)
 7.   @attribute cluster4 (t)
 8.   @attribute cluster5 (t)
 9.   @attribute cluster6 (t)
10.   @attribute cluster7 (t)
11.   @attribute cluster8 (t)
12.   @attribute cluster9 (t)
13.
14.   @DATA
15.   ?,?,t,?,?,?,?,?,?,?
16.   ?,?,t,?,?,?,?,?,?,?
17.   ?,?,?,t,?,?,?,t,?,?
```

Figure 3.12. Fichier de données de contexte flou

Une fois l'opération de génération du fichier de données achevée, une boite de dialogue s'affiche pour informer l'utilisateur du bon déroulement de l'opération.

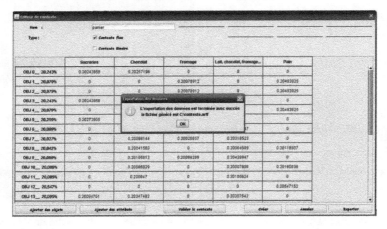

Figure 3.13. Exportation de la matrice d'appartenance

3.2. Implémentation du module d'extraction des règles d'association

Le module d'extraction des règles d'association que nous avons implémenté est accessible via un bouton dans le menu horizontal :

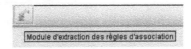

Module d'extraction des règles d'association

Figure 3.14. Accès au module d'extraction des règles d'association

- Choix de l'algorithme d'extraction :

Trois algorithmes d'extraction de règles d'association sont intégrés dans la plateforme : Apriori, Close et un algorithme générique qui permet d'extraire les règles d'association des données après les avoir classifiées. Depuis le menu, un des trois peut être alors choisi afin d'extraire de la connaissance des données à étudier.

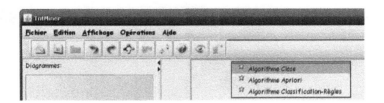

Figure 3.15. Choix de l'algorithme d'extraction des règles

- Paramétrage et application de l'algorithme :

Pour les algorithmes Close et Apriori, les fenêtres de paramétrage se ressemblent. L'algorithme prend en entrée un fichier (.arff), ainsi que les deux valeurs de *minsupport* et *minconfiance.* Le nombre de règles à visualiser est aussi paramétrable.

Figure 3.16. Fenêtre de paramétrage de l'algorithme Close

Si l'utilisateur choisit d'appliquer l'algorithme Apriori, le bouton d'extraction va déclencher automatiquement le traitement qui se déroule en arrière plan. L'algorithme va passer par une première phase qui est la découverte des itemsets fréquents et une deuxième phase qui est l'extraction des règles d'association à partir de l'ensemble d'itemsets générés.

Si l'utilisateur choisit d'appliquer l'algorithme Close, le bouton d'extraction va déclencher automatiquement le traitement qui se déroule en arrière plan. L'algorithme va passer par une première phase qui est la découverte des itemsets fermés fréquents assurée par Close et une deuxième phase qui consiste, à partir de l'ensemble d'itemsets fermés fréquents et leurs générateurs, à l'extraction des bases génériques pour les règles d'association exactes assurée par l'algorithme Gen-BG et l'extraction des bases informatives pour les règles d'association approximatives assurée par l'algorithme Gen-BI.

Pour l'algorithme générique, l'utilisateur doit fixer dans un même assistant :

- Les paramètres de classification des données : choix de l'algorithme de classification ainsi que son paramétrage.
- Les paramètres d'extraction de règles d'association : choix de l'algorithme (Close ou Apriori) ainsi que son paramétrage (confiance et support)

Figure 3.17. Paramétrage de l'algorithme générique

- Visualisation des règles d'association

Les règles d'association générées et visualisées dans la fenêtre de l'assistant de génération des règles d'association, sont divisées en deux types : règles d'association exactes (confiance = 1) et règles d'association approximatives (confiance <1).

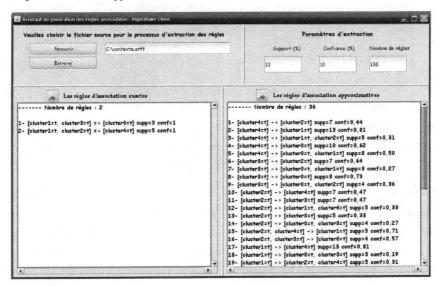

Figure 3.18. Visualisation des règles d'association

Une règle d'association est représentée sous la forme suivante :

$$[\text{cluster4}] \Rightarrow [\text{cluster2}] \text{ supp=7 conf=0,44}$$

4. Portabilité et extensibilité de la plateforme

ClusterFCA est développée en Java ce qui assure sa portabilité et la possibilité de l'utiliser sur différents environnements.

En ce qui concerne l'extensibilité de la plateforme, celle-ci est assurée par son développement selon une architecture basée sur les packages (modules), ainsi le code est organisé en deux parties :

- Module de classification : Dans ce package, différents algorithmes nécessaires pour effectuer l'opération de classification existent tels que C_means et FCM. Pour en rajouter d'autres, il suffit de placer le nouvel algorithme dans ce même package et de l'intégrer.

- Module d'extraction des règles d'association : Nous trouvons les algorithmes d'extraction de règles associatives qui sont Apriori, Close et un algorithme générique qui implémente notre approche d'extraction des règles à partir des données classifiées. D'autres algorithmes peuvent être ajoutés, bien entendu.

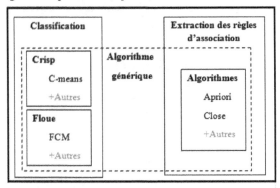

Figure 3.19. Extensibilité de la plateforme

Conclusion

Durant ce chapitre, nous avons détaillé les étapes de conception et de développement des différents modules que nous avons implémenté dans la plateforme de classification et d'extraction des règles d'association. Dans le chapitre suivant, nous testons notre approche, à l'aide de cette plateforme, sur des ensembles de données connus afin de conclure sur son efficacité.

Chapitre 4   Validation de la nouvelle approche

Introduction

Dans ce chapitre, nous testons, à l'aide de la plateforme dont nous avons détaillé l'implémentation dans le chapitre précédent, la nouvelle approche d'extraction des connaissances des données sur des ensembles de données connus dans le domaine d'extraction des règles associatives. Nous comparons les résultats de ces tests avec les résultats obtenus en adoptant des approches classiques ne faisant pas intervenir la classification.

1. Démarche suivie pour la validation de la nouvelle approche

Pour la validation de notre approche, nous procédons de la manière suivante :

- **Approche classique d'extraction des règles d'association :** Partant d'un ensemble de données, et sans effectuer une classification de ces derniers, nous choisissons soit l'algorithme Apriori et ainsi l'extraction des règles va s'effectuer à partir des itemsets fréquents à l'aide de l'algorithme Apriori rule generation algorithm (Gen-Rules), soit l'algorithme Close et ainsi la génération des bases pour les règles d'association va s'effectuer à partir des itemsets fermés fréquents à l'aide de l'algorithme Gen-BG pour la base générique des règles d'association exactes et Gen-BI pour la base informative des règles d'association approximatives.

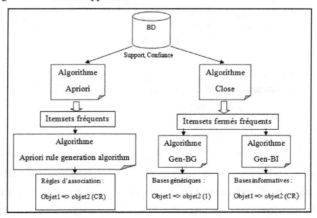

Figure 4.1. Approche classique

- **Nouvelle approche d'extraction des règles d'association :** Partant du même ensemble de données, nous appliquons une classification floue sur les données initiales. Sur le contexte flou réduit obtenu, nous appliquons le même algorithme d'extraction de règles d'association choisi précédemment afin d'extraire les règles d'association entre les clusters.

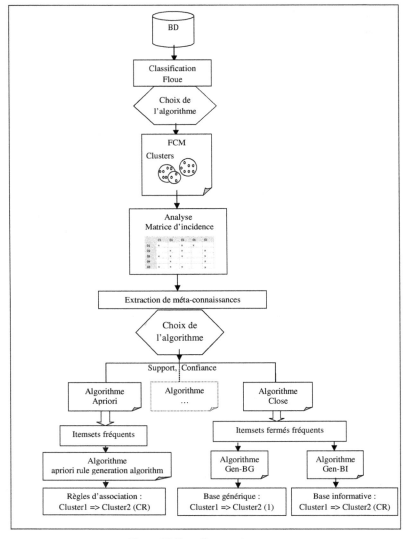

Figure 4.2. Nouvelle approche

81

Nous pouvons ainsi comparer les résultats obtenus par les deux approches et apprécier les avantages de la nouvelle approche que nous proposons.

2. Module de réécriture des ensembles de données

Les ensembles de données utilisés dans la littérature pour les algorithmes d'extraction de règles d'association sont différents de ceux utilisés par les algorithmes de classification. En particulier, le type de données en entrée pour l'algorithme de clustering choisi (FCM) et des algorithmes d'extraction de règles d'association utilisés (Apriori et Close) n'est pas le même.

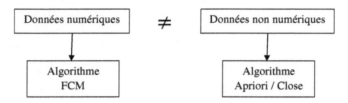

Pour expliquer mieux ce problème, prenons l'exemple de l'ensemble de données *weather.arff*, ayant deux attributs (*temperature* et *humidity*) de type numériques, nous pouvons remarquer qu'il est impossible d'appliquer certains algorithmes d'extraction de règles d'association tel que *Apriori* et *Close*.

Figure 4.3. Application de l'algorithme Apriori sur des données numériques

Pour utiliser cet ensemble de données, les attributs numériques *temperature* et *humidity* doivent être discrétisés afin d'appliquer l'extraction des règles d'association. Les attributs de l'ensemble de données doivent être tous nominaux uniquement (non numériques).

En utilisant le même ensemble de données mais cette fois avec tous les attributs nominaux (le fichier *weather.nominal.arff*), la génération des règles d'association se déroule normalement :

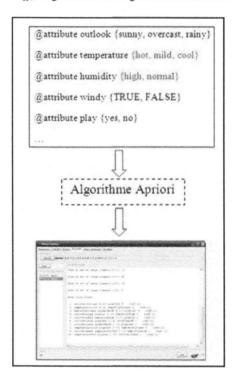

Figure 4.4. Application de l'algorithme Apriori sur des données nominales

Face à ce problème de type de données rencontré, nous avons eu recours à une étape de prétraitement des données.

Ensembles de données initiaux

Nous avons utilisé lors de nos expérimentations des ensembles de données fréquemment utilisés dans le domaine de recherche d'ECD. Le tableau 4.1 résume les caractéristiques de ces ensembles de données :

Nom	Nombre d'objets	Taille moyenne des objets	Nombre d'items
C20d10K	10 000	20	386
T25i10d10K	1 000	25	1 000
Mushrooms	8 416	23	128
Car	1 728	7	26
Achat	28	5	5

Tableau 4.1. Caractéristiques des ensembles de données

L'ensemble de données C20d10K[2] est un échantillon du fichier PUMS90KS (Public Use Microdata Samples) contenant des données de recensement du Kansas effectué en 1990. Les 10 000 lignes de données (correspondant aux 10 000 premières personnes recensées) ont été tronquées pour inclure seulement les 20 premiers attributs.

L'ensemble de données T25i10d10K[3] (produit par le générateur du groupe de recherche d'IBM Almaden) est constitué de données synthétiques construites selon des propriétés des données de vente, cet ensemble de données est généré selon la méthode présentée dans [6]. Chaque transaction contient jusqu'à 25 articles avec une taille moyenne de 10 articles et l'ensemble de données contient 1000 transactions.

L'ensemble de données Mushrooms[4] est un ensemble de données dense sur les champignons décrivant les caractéristiques de ces derniers (la surface, l'odeur, la couleur, comestible ou vénéneux, etc).

L'ensemble de données Car[5] ou « Evaluation de voiture » est dérivé du modèle simple hiérarchique décisionnel. Ce modèle évalue les voitures selon le concept suivant :

CAR	acceptabilité de la voiture
. PRICE	prix global
. . buying	prix de vente
. . maint	prix de maintenance
. TECH	caractéristiques techniques
. . COMFORT	confort
. . . doors	nombre de portes
. . . persons	capacité en termes de personnes à transporter
. . . lug_boot	la taille du coffre à bagages
. . safety	estimation de la sureté de la voiture

L'ensemble de données achat est un prototype de l'exemple classique du panier manager. Il peut être présenté par la matrice suivante :

---

[2] http://keia.i3s.unice.fr/?download=c20d10.zip
[3] http://keia.i3s.unice.fr/?download=t25i10d10.zip
[4] http://keia.i3s.unice.fr/?download=mushroom.zip
[5] http://repository.seasr.org/Datasets/UCI/arff/car.arff

	Pain	Chocolat	Fromage	Lait	Sucreries
Client 1	x				
Client 2	x	X	x		X
Client 3	x	X	x		X
Client 4	x				
Client 5	x	X	x		X
Client 6			x		
Client 7					X
Client 8				X	X
Client 9	x			X	X
Client 10					X
Client 11	x				X
Client 12		X			
Client 13	x	X			X
Client 14					
Client 15	x		x		
Client 16		X			
Client 17			x		
Client 18	x				
Client 19					X
Client 20			x		
Client 21	x		x		
Client 22	x	X		X	
Client 23		X			
Client 24	x				
Client 25	x		x		
Client 26				X	
Client 27				X	X
Client 28	x	X	x	X	X

Ces ensembles de données ont été réécrits afin de les adapter aux algorithmes utilisés dans notre approche. Nous détaillons cette opération dans ce qui suit.

Prétraitement des données

Nous avons procédé à une réécriture des fichiers de données et ceci en développant un module ayant pour fonctionnalité de préparer les données afin d'appliquer sur elles les méthodes de classification non supervisée et d'extraction des règles associatives.

Le fichier d'entrée pour le module de classification est un fichier texte qui respecte une forme spécifique, voici un extrait d'un fichier composé d'un échantillon de transactions de vente qui servira d'entrée pour l'algorithme FCM :

```
// pain   chocolat   fromage lait   sucrerie
1 0 0 0 0
1 1 1 0 1
1 1 1 0 1
1 0 0 0 0
1 1 1 0 1
0 0 1 0 0
0 0 0 0 1
0 0 0 1 1
1 0 0 1 1
```

Figure 4.5. achat.txt

Ce même fichier doit être réécrit en fichier weka (arff) en respectant la structure de ce format et en encodant la présence d'un produit dans un panier par « t » et son absence par « ? » et ce pour servir d'entrée aux algorithmes Apriori et Close :

```
@relation achat.txt

@attribute pain {t}
@attribute chocolat {t}
@attribute fromage {t}
@attribute lait {t}
@attribute sucrerie {t}

@data
t,?,?,?,?
t,t,t,?,t
t,t,t,?,t
t,?,?,?,?
t,t,t,?,t
?,?,t,?,?
?,?,?,?,t
?,?,?,t,t
t,?,?,t,t
```

Figure 4.6. achat.arff

Au cas où le fichier contient des données non binaires et non numériques, comme c'est le cas pour la plupart des ensembles de données connus et utilisés dans le domaine d'extraction des règles d'association tel que mushrooms, il faut procéder à une réécriture des données en binaire. Pour mieux expliquer ceci, nous prenons l'exemple de l'ensemble de données mushrooms, le fichier weka a la structure suivante :

86

```
@relation mushroom
@attribute 'cap-shape' { 'b', 'c', 'f', 'k', 's', 'x'}
@attribute 'cap-surface' { 'f', 'g', 's', 'y'}
@attribute 'cap-color' { 'b', 'c', 'e', 'g', 'n', 'p', 'r', 'u', 'w', 'y'}
@attribute 'bruises?' { 'f', 't'}
@attribute 'odor' { 'a', 'c', 'f', 'l', 'm', 'n', 'p', 's', 'y'}
@attribute 'gill-attachment' { 'a', 'd', 'f', 'n'}
@attribute 'gill-spacing' { 'c', 'd', 'w'}
@attribute 'gill-size' { 'b', 'n'}
@attribute 'gill-color' { 'b', 'e', 'g', 'h', 'k', 'n', 'o', 'p', 'r', 'u', 'w', 'y'}
@attribute 'stalk-shape' { 'e', 't'}
@attribute 'stalk-root' { 'b', 'c', 'e', 'r', 'u', 'z'}
@attribute 'stalk-surface-above-ring' { 'f', 'k', 's', 'y'}
@attribute 'stalk-surface-below-ring' { 'f', 'k', 's', 'y'}
@attribute 'stalk-color-above-ring' { 'b', 'c', 'e', 'g', 'n', 'o', 'p', 'w', 'y'}
@attribute 'stalk-color-below-ring' { 'b', 'c', 'e', 'g', 'n', 'o', 'p', 'w', 'y'}
@attribute 'veil-type' { 'p', 'u'}
@attribute 'veil-color' { 'n', 'o', 'w', 'y'}
@attribute 'ring-number' { 'n', 'o', 't'}
@attribute 'ring-type' { 'c', 'e', 'f', 'l', 'n', 'p', 's', 'z'}
@attribute 'spore-print-color' { 'b', 'h', 'k', 'n', 'o', 'r', 'u', 'w', 'y'}
@attribute 'population' { 'a', 'c', 'n', 's', 'v', 'y'}
@attribute 'habitat' { 'd', 'g', 'l', 'm', 'p', 'u', 'w'}
@attribute 'class' { 'e', 'p'}
@data
'x','s','n','t','p','f','c','n','k','e','e','s','s','w','w','p','w','o','p','k','s','u','p'
```

Figure 4.7. mushrooms.arff

La réécriture des attributs se fait de la façon suivante :

```
            @attribute 'cap-shape' { 'b', 'c', 'f', 'k', 's', 'x')

// cap-shape=b cap-shape=c cap-shape=f cap-shape=k cap-shape=s cap-shape=x
```

Figure 4.8. Réécriture des attributs

D'où la méthode suivante de réécriture des données :

```
'x','s','n','t','p','f','c','n','k','e','e','s','s','w','w','p','w','o','p','k','s','u','p'

 0  0  0  0  0  1
```

Figure 4.9. Réécriture des données

3. Résultats expérimentaux

Approche classique : Extraction des règles sans clustering

Nous résumons dans les deux tableaux les résultats expérimentaux obtenus par l'application des algorithmes d'extraction de règles d'association (Close et Apriori) sur les ensembles de données présentés, précédemment.

Nouvelle approche proposée: Extraction des règles après clustering des données

Dans une deuxième étape, nous appliquons sur les mêmes ensembles de données une classification non supervisée (clustering) floue.

Dans [27], il est indiqué que la plupart des auteurs ont déclaré avoir des résultats réussis pour une valeur d'exactitude appartenant à l'intervalle [0.001, 0.0001]. Quant au degré flou, dans la plupart des cas figurant dans la littérature, il est fixé à 2.

Les paramètres retenus pour la classification floue sont alors:

Nom de l'Algorithme	Degré flou (fuziness)	Exactitude (accuracy)
FCM	2	0.002

Tableau 4.2. Paramètres FCM

Une réécriture de la matrice obtenue est effectuée. Cette matrice constitue un nouveau contexte réduit d'extraction, sur lequel nous appliquons les mêmes algorithmes d'extraction de règles d'association choisis afin d'extraire les règles sur les clusters. Dans les deux tableaux, nous présentons le nombre de règles résultant de cette extraction, l'approche est testée en variant le nombre de clusters, lors de l'étape de classification floue.

Validation de la nouvelle approche

Ensemble de données (Minsupport)	Minconfiance	Sans clustering Algorithme ECD : Close				Avec clustering Algorithme ECD : Close				
		Règles exactes	Règles approximatives	total	Temps d'exécution (ms)	Nombre de clusters	Règles exactes	Règles approximatives	Total	Temps d'exécution (ms)
Mushroom (10%)	70 %	7 117	41 284	48 401	65 547	10	57	314	371	1726
						15	186	2958	3144	4647
						22	833	20 079	20 912	11 093
	50 %	7 117	75 542	92 659	61 672	10	57	524	581	1569
						15	186	4026	4212	4022
						22	833	30 261	31 094	10 655
Car (0.5%)	10%	1 493	33 801	35 234	875	6	0	139	139	268
						10	19	3734	3753	425
						12	137	20 674	20 811	589
C20d10 (10%)	70%	2 403	18 664	21 067	6 312	10	32	167	199	409
						15	124	1630	1754	772
						20	331	3472	3803	1129
Achat	70%	4	4	8	125	5	3	3	6	0
	10%	4	34	38	15	5	3	17	20	0
t25i10d10 (0.1%)	70%	11 240	87 835	99 075	21 672	10	59	218	277	394

Tableau 4.3. Tests avec l'algorithme Close

Ensemble de données (Minsupport)	Minconfiance	Sans clustering Algorithme ECD : Apriori				Avec clustering Algorithme ECD : Apriori				
		Règles exactes	Règles approximatives	total	Temps d'exécution (ms)	Nombre de clusters	Règles exactes	Règles approximatives	Total	Temps d'exécution (ms)
Mushroom (10%)	70 %	≥ 18 017	≥ 91 983	≥ 110 000	308 750	10	320	865	1185	4 413
						15	2569	10 142	12 711	16 272
						22	≥ 25 721	≥ 84 279	≥ 110 000	57 889
	50 %	≥ 11 264	≥ 98 736	≥ 110 000	214 281	10	320	1488	1808	7 585
						15	2569	13 964	16 533	15 741
						22	≥ 22 630	≥ 87 370	≥ 110 000	33 608
Car (0.5%)	10%	1 468	40 847	42 315	6 578	6	0	139	139	330
						10	20	3774	3794	1191
						12	123	23 005	23 128	2635
C20d10 (10%)	70%	≥ 20 397	≥ 89 603	≥ 110 000	338 734	10	162	435	597	847
						15	2631	10 529	13 160	4960
						20	≥ 55 429	≥ 54 571	≥ 110 000	15 410
Achat (10%)	70%	10	6	16	78	5	3	3	6	0
	10%	10	44	54	359	5	3	23	26	16
t25i10d10 (0.1%)	70%	--	--	--	--	10	96	222	318	1035

Tableau 4.4. Tests avec l'algorithme Apriori

Exemple d'exécution

Prenons l'exemple de l'ensemble de données « car ».

Prétraitement des données

En utilisant le module de réécriture des fichiers que nous avons développé, nous préparons nos deux fichiers qui serviront de sources de données pour les algorithmes de clustering et d'extraction des règles d'association.

Le fichier d'entrée pour l'application de l'approche classique est un fichier weka (arff) :

```
@relation car

@attribute buying {vhigh,high,med,low}
@attribute maint {vhigh,high,med,low}
@attribute doors {2,3,4,5more}
@attribute persons {2,4,more}
@attribute lug_boot {small,med,big}
@attribute safety {low,med,high}
@attribute class {unacc,acc,good,vgood}

@data
vhigh,vhigh,2,2,small,low,unacc
vhigh,vhigh,2,2,small,med,unacc
vhigh,vhigh,2,2,small,high,unacc
vhigh,vhigh,2,2,med,low,unacc
vhigh,vhigh,2,2,med,med,unacc
vhigh,vhigh,2,2,med,high,unacc
```

Figure 4.10. Fichier car.arff

Le fichier d'entrée pour l'application de la nouvelle approche est un fichier texte dont les données sont des valeurs binaires (0 et 1) :

```
// buying=vhigh buying=high buying=med buying=low maint=vhigh maint=high maint=med maint=low
1,0,0,0,1,0,0,0,1,0,0,0,1,0,0,1,0,0,1,0,0,1,0,0,0
1,0,0,0,1,0,0,0,1,0,0,0,1,0,0,1,0,0,0,1,0,1,0,0,0
1,0,0,0,1,0,0,0,1,0,0,0,1,0,0,1,0,0,0,0,1,1,0,0,0
1,0,0,0,1,0,0,0,1,0,0,0,1,0,0,0,1,0,1,0,0,1,0,0,0
1,0,0,0,1,0,0,0,1,0,0,0,1,0,0,0,1,0,0,1,0,1,0,0,0
1,0,0,0,1,0,0,0,1,0,0,0,1,0,0,0,1,0,0,1,1,0,0,0
```

Figure 4.11. Fichier car.txt

Approche classique : Extraction des règles sans clustering

Appliquons sur cet ensemble de données l'algorithme Apriori avec comme paramètres : support=0.5% et confiance = 10%. Nous obtenons 1468 règles exactes et 40 847 règles approximatives.

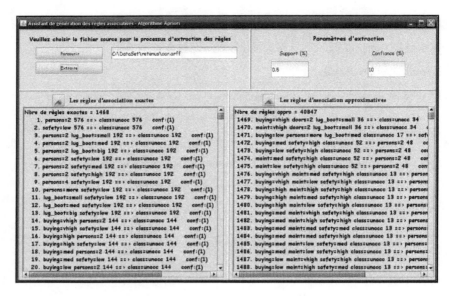

Figure 4.12. Apriori : extraction des règles sans clustering

Appliquons sur ce même ensemble de données l'algorithme Close avec comme paramètres support=0.5% et confiance = 10%. Nous obtenons 1493 règles exactes et 33 801 règles approximatives.

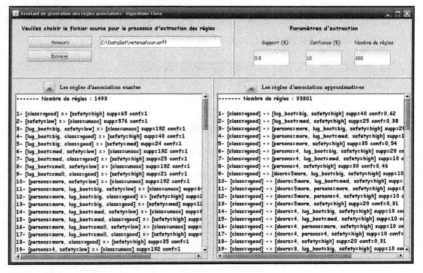

Figure 4.13. Close : extraction des règles sans clustering

Nouvelle approche proposée: Extraction des règles après clustering des données

Appliquons maintenant sur l'ensemble de données notre algorithme générique en choisissant comme algorithme de classification FCM (nombre de clusters = 12, degré flou = 2 et exactitude = 0.002).

Nous commençons par Apriori comme algorithme d'extraction des règles d'association avec les paramètres confiance = 10% et support = 0.5%. Nous obtenons 123 règles exactes et 23 005 règles approximatives. Ce nombre est inférieur à celui obtenu en appliquant directement l'algorithme Apriori.

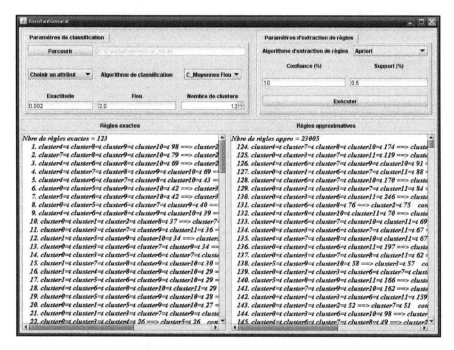

Figure 4.14. Apriori : extraction des règles après clustering des données

Nous appliquons maintenant pour les mêmes paramètres de classification l'algorithme Close comme algorithme d'extraction des règles d'association avec les paramètres confiance = 10% et support = 0.5%. Nous obtenons 137 règles exactes et 20 674 règles approximatives.
Ce nombre est inférieur à celui obtenu en appliquant directement l'algorithme Close.

Figure 4.15. Close : extraction des règles après clustering des données

4. Evaluation de la nouvelle approche

D'après les tests que nous avons effectués, nous pouvons conclure que le nombre de règles générées dans le cas de l'application de la nouvelle approche est réduit par rapport au nombre de règles générées dans le cas d'une application directe d'un algorithme d'extraction de règles associatives. La diminution dépend essentiellement du nombre de clusters, qui bien choisi, entraine une réduction considérable de nombre de règles associatives. Remarquons par exemple, que pour l'ensemble de données Mushrooms (confiance = 70% et support =10%), une diminution de 57% de nombre de règles est observé pour 22 clusters, en appliquant l'algorithme Close. La réduction, pour un nombre de clusters égal à 15, est supérieure à 93%.

Même si les résultats obtenus par l'application de l'algorithme Apriori diffèrent de ceux obtenus par l'application de l'algorithme Close, la nouvelle approche a permis de réduire le nombre de règles dans les deux cas, indépendamment de l'algorithme utilisé.

L'opération de clustering flou nous permet donc de réduire considérablement le nombre de règles. Les propriétés sont propres aux classes. La procédure de clustering permet de voir la base de données initiale autrement et de dégager certains liens d'associations entre les différents clusters auxquels appartiennent les objets.

Les temps d'exécution des algorithmes Apriori et Close croient en fonction du nombre de clusters choisi, ils sont inférieurs aux temps d'exécution générés par ces algorithmes sans l'étape de clustering (en utilisant l'approche classique) pour un nombre de clusters réduit. Pour l'ensemble de données « car » par exemple, pour un nombre de clusters inférieur à 15, les temps d'exécution des algorithmes en utilisant des données classifiées sont inférieurs à ceux générés en appliquant directement les algorithmes d'extraction des règles sur des données non classifiées (figure 4.16).

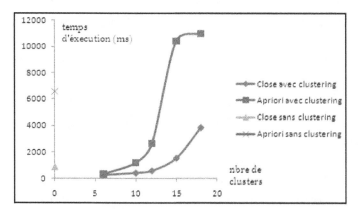

Figure 4.16. Temps d'exécution des algorithmes pour les 2 approches

Conclusion

Dans ce chapitre, nous avons testé notre nouvelle approche sur des ensembles de données utilisés dans le domaine d'ECD. Nous avons ainsi montré son apport dans l'optimisation des règles d'association. Notons, enfin, que cette approche est extensible, l'utilisateur peut choisir n'importe quel algorithme de classification ou d'extraction des règles selon le domaine de ses données et selon ses besoins.

Conclusion générale

Au regard du nombre croissant des grands ensembles de données, déterminer la façon dont sont organisées les données, les interpréter et en extraire des informations utiles est un problème difficile et ouvert. En effet, à l'heure actuelle, notre capacité à collecter et stocker les données de tout type outrepasse nos possibilités d'analyse, de synthèse et d'extraction de connaissances dans les données.

Dans ce livre, nous avons abordé le problème d'ECD du point de vue utilisateur. Un des problèmes rencontrés avec les approches d'extraction existantes est le grand nombre de règles générées qui ne sont pas facilement assimilables et exploitables par l'expert humain. Le nombre de ces règles varie en général de plusieurs dizaines de milliers à plusieurs millions [43, 44]. Ce grand nombre de règles est dû au fait que les algorithmes d'ECD existant sont appliqués généralement sur des données (ou une variation de ces données comme les itemsets fréquents, les itemsets fermés, les itemsets fermés fréquents, etc.). Or, l'espace de recherche de ces différents types de données, même lorsque l'on utilise des techniques d'élagage, reste très grand ce qui rend son exploration complexe.

Comme contribution à la réduction de cet espace et pour permettre de fournir à l'utilisateur un ensemble de connaissances qui soit à sa portée, nous avons proposé une solution qui consiste en une nouvelle approche d'ECD prenant en compte un autre degré de granularité dans le processus de l'extraction. Nous avons proposé de générer un ensemble de règles (Méta-Règles) entre les classes résultant d'une classification floue préliminaire sur les données. A partir de cet ensemble, appelé *Méta-connaissances*, il est possible de déduire l'ensemble des connaissances.

Ceci offre une meilleure interprétation de l'ensemble des données et facilite la recherche et l'extraction des connaissances. Nous avons validé l'approche sur des ensembles de données connus dans le domaine d'extraction des règles associatives. Notre travail a donné naissance à une plateforme qui inclut des méthodes de clustering et d'extraction des règles à partir des données en entrée.

Comme perspectives de ce travail, nous proposons de concevoir et implémenter un Système Expert dont la base de connaissances est égale à l'ensemble des règles d'association obtenues par notre approche. Ainsi ce Système expert peut offrir à l'utilisateur une interface conviviale pour répondre à ses requêtes de façon optimum. Ceci lui permet d'avoir une sémantique de ces données initiales et d'optimiser la recherche d'information.

La solution proposée reste extensible et l'utilisateur peut choisir la méthode de classification floue ainsi que la méthode d'extraction des règles d'association selon le domaine de ses données et de ses besoins.

Bibliographie

[1] N. Pasquier, « Data mining : algorithmes d'extraction et de réduction des règles d'association dans les bases de données ». Thèse de doctorat, Université de Clermont-Ferrand II, Janvier 2000.

[2] W. Jouini, Diplôme d'études approfondies génie des systèmes industriels projet bibliographique, « Les méthodes et techniques d'Extraction de Connaissances de Bases de données. », 2002-2003.

[3] J. Bezdek, « Fuzzy mathematics in pattern classification », Ph.D. Dissertation, Cor-nell University, 1973.

[4] R. Agrawal, T. Imielinski, and A. Swami, « Database mining : A performance perspective ». IEEE Transaction on Knowledge and Data Engineering: Special issue on learning and discovery in knowledge-based databases, Décembre 1993.

[5] N. Pasquier, « Extraction de Bases pour les Règles d'Association à partir des Itemsets Fermés Fréquents ». Inforsid'2000 Congress, 2000.

[6] R. Agrawal, R. Srikant. « Fast algorithms for mining association rules in large databases ». Proc. VLDB conf., pp. 478-499, September 1994.

[7] R. Srikant, R. Agrawal. « Mining generalized association rules ». Proc. VLDB conf., pp. 407–419, Septembre 1995.

[8] J. Han, Y. Fu. « Discovery of multiple-level association rules from large databases ». Proc. VLDB conf., pp. 420–431, Septembre 1995.

[9] S. Brin, R. Motwani, C. Silverstein. « Beyond market baskets : Generalizing association rules to correlation ». Proc. SIGMOD conf., pp 265–276, Mai 1997.

[10] S. Brin, R. Motwani, J. D. Ullman, S. Tsur. « Dynamic itemset counting and implication rules for market basket data ». Proc. SIGMOD conf., pp 255–264, Mai 1997.

[11] G. Piatetsky-Shapiro. « Discovery, analysis and presentation of strong rules ». Knowledge Discovery in Databases, AAAI Press , pp 229–248, 1991.

[12] C. Silverstein, S. Brin, R. Motwani. « Beyond market baskets : Generalizing association rules to dependence rules ». Data Mining and Knowledge Discovery, 2(1): pp. 39–68, January 1998.

[13] S. Ben Yahia et E. Mephu Nguifo « Approches d'extraction de règles d'association basées sur la correspondance de Galois ». ISI (Ingénierie des Systèmes d'Information), pp. 23–55, 2004.

[14] M. J. Zaki, C. J. Hsiao, « CHARM : An Efficient Algorithm for Closed Itemset Mining », Proceedings of the 2nd SIAM International Conference on Data Mining, Arlington, pp. 34-43, Avril 2002.

[15] G. Stumme, R. Taouil, Y. Bastide, N. Pasquier, L. Lakhal, « Fast Computation of Concept Lattices Using Data Mining Techniques », M. Bouzeghoub, M. Klusch, W. Nutt, U. Sattler, Eds., Proceedings of 7th Intl. Workshop on Knowledge Representation Meets Databases (KRDB'00), Berlin, Germany, pp. 129-139, 2000.

[16] G. Stumme, R. Taouil, Y. Bastide, N. Pasquier, L. Lakhal, « Computing Iceberg Concept Lattices with TITANIC », J. on Knowledge and Data Engineering (KDE), vol. 2, no 42, pp. 189-222, 2002.

[17] J. Pei, J. Han, R. Mao, S. Nishio, S. Tang, D. Yang, « CLOSET : An efficient algorithm for mining frequent closed itemsets », Proceedings of the ACM SIGMOD DMKD'00, Dallas,TX, pp. 21-30, 2002.

[18] J. Wang, J. Han, J. Pei, « CLOSET+ : Searching for the Best Strategies for Mining Frequent Closed Itemsets », Proceedings ACM SIGKDD Int. Conf. on Knowledge Discovery and Data Mining (KDD'03),Washington, USA, IEEE, August 2003.

[19] G. Grahne, J. Zhu, « Efficiently Using Prefix-trees in Mining Frequent Itemsets », GOETHALS B., ZAKI M. J., Eds., Proceedings of Workshop on Frequent Itemset Mining Implementations (FIMI '03), Florida, USA, IEEE, November 2003.

[20] G. Gasmi, S. Ben Yahia, E. Mephu Nguifoy and Y. Slimani. « IGB : une nouvelle base générique informative des règles d'association ». Revue I3 (Information-Interaction Intelligence), 6(1) : pp 31–67, 2006.

[21] J. Han, J. Pei et Y. Yin « Mining frequent pattern without generation candidate». In Proceedings of the 2000 ACM SIGMOD, Dallas, Texas, USA, 2000.

[22] J.L. Guigues et V. Duquenne. « Familles minimales d'implications informatives résultant d'un tableau de données binaires ». Mathématiques et Sciences Humaines, (95) : pp.5–18, 1986.

[23] M. Kryszkiewicz. « Representative association rules. In Research and Development in Knowledge Discovery and Data Mining ». Proc. of Second Pacific-Asia Conference (PAKDD), Melbourne, Australia, 1998.

[24] M. Kryszkiewicz. « Concise representations of association rules ». In D. J. Hand, N.M. Adams et R.J. Bolton, éditeurs, Proceedings of Pattern Detection and Discovery, ESF Exploratory Workshop, London, UK, volume 2447 of LNCS, Springer-Verlag, pp. 92–109, Septembre 2002.

[25] M. Kryszkiewicz. « Concise Representations of frequent patterns and association rules ». PhD thesis, Institute of Computer Science Warsaw University of Technology, 2002.

[26] W.W. Armstrong. « Dependency structures of database relationships ». In IFIP Congress, pp. 580–583, Septembre 1974.

[27] J.C. Bezdek, J. Keller, R. Krisnapuram, N. R.Pal. « Fuzzy models and algorithms for pattern recognition and image processing (The Handbooks of Fuzzy Sets) », Springer-Verlag New York, Inc., Secaucus, NJ, 2005.

[28] M. Plasse, N. Niang Keita et G. Saporta. « Classification préalable à la recherche de règles d'association ». In RIAS'06 Rencontres Inter-Associations sur le thème de la classification, Lyon, France, pp. 1, 2006

[29] M. Luxenburger. « Implication partielles dans un contexte ». Mathématiques et Sciences Humaines, 29(113), pp. 35–55, 1991.

[30] L. Breiman, J.H. Friedman, R.A. Olshen, and C.J. Stone. « Classification and Regression Trees », Wadsworth, 1984.

[31] R. Quinlan. « C4.5 : programs for machine learning », Morgan-Kaufmann, 1993

[32] J. Ross Quinlan, « Induction of decision trees », Machine Learning, pp. 81-106, 1986

[33] S. Guha, R. Rastogi, K. Shim, « CURE: an efficient clustering algorithm for large databases, Proceedings of the 1998 ACM SIGMOD international conference on Management of data », pp.73-84, 1998

[34] T. Zhang, R. Ramakrishnan, M. Livny, « BIRCH: an efficient data clustering method for very large databases », Proceedings of the 1996 ACM SIGMOD international conference on Management of data, pp.103-114, 1996

[35] M. J. Zaki. « Mining non-redundant association rules ». Data Mining and Knowledge Discovery : An International Journal(DMKDJ'04), pp 223–248, Novembre 2004.

[36] A. Touil, A. Thabet, Projet de fin d'études « Conception et développement d'une plateforme visuelle basée sur l'analyse formelle de concepts pour l'organisation et l'interprétation des données », L'Ecole Nationale d'Ingénieurs de Tunis. 2007.

[37] M. Sassi, A. Grissa Touzi, H. Ounelli, «Flexible Querying Database based on Ordered Lattice Theory », The International Arab Journal of Information Technology, 2007.

[38] R. Wille « Restructuring lattice theory : an approach based on hierarchies of concepts ». Ordered sets, pp. 445–470, 1982.

[39] L. Lakhal, G. Stumme «Efficient Mining of Association Rules Based on Formal Concept Analysis Formal Concept Analysis: Foundations and Applications, pp.180-195, 2005.

[40] J. McMueen, « Some methods for classiffication and analysis of multivariate observations », The Fifth Berkeley Symposium on Mathematical Statistics and Probability, pp. 281-297, 1967.

[41] H. Mannila, H. Toivonen, A.I. Verkamo, « Efficient algorithms for discovering association rules ». AAAI KDD workshop, pp.181–192, July 1994

[42] A. Savasere, E. Omiecinski, S. Navathe, « An efficient algorithm for mining association rules in large databases ». Proc. VLDB conf., pp. 432–444, September 1995.

[43] G. Stumme, R. Taouil, Y. Bastide, N. Pasquier, L. Lakhal, « Intelligent structuring and reducing of association rules with formal concept analysis », Proceedings of KI'2001

Conference, Vienna, Austria, Lecture Notes in Artificial Intelligence 2174, Springer-Verlag, pp. 335–350, September 2001.

[44] M. J. Zaki, « Generating Non-Redundant Association Rules », Proceedings of the 6th ACM SIGKDD International Conference on Knowledge Discovery and Data Mining, Boston, MA, pp. 34-43, August 2000.

[45] J.A. Berry Michael et L. Gordon, « Data mining : Techniques appliquées au marketing, à la vente et aux services clients », InterEditions, 1997.

Netographie

[1W] http://www.francetelecom.com/sirius/rd/fr/memento/mento14/chap6c.html.php : Méthodes de classification supervisée

[2W] http://eric.univ-lyon2.fr/~ricco/tanagra/fr/autres_logiciels_tanagra.html : Présentation des outils gratuits de data mining

[3W] http://eric.univ-lyon2.fr/~ricco/tanagra/fr/presentation_home_tanagra.html: Présentation du logiciel Tanagra

[4W] http://eric.univ-lyon2.fr/~ricco/data-mining/logiciels/ : Comparative des logiciels de data mining

[5W] http://www.loria.fr/~szathmar/pmwiki/uploads/Coron/szathmary_coron_loria_article.pdf : Présentation de la plateforme de data mining Coron

[6W] http://www.togaware.com/datamining/gdatamine/ : Présentation de l'outil The Gnome Data Mine

www.ingramcontent.com/pod-product-compliance
Lightning Source LLC
LaVergne TN
LVHW042339060326
832902LV00006B/272